Anamor
fose e outros contos

Adlla Bravo Rijo

Anamorfose e outros contos

TALENTOS DA LITERATURA BRASILEIRA

São Paulo, 2017

Anamorfose e outros contos
Copyright © 2017 by Adlla Bravo Rijo
Copyright © 2017 by Novo Século Editora Ltda.

COORDENAÇÃO EDITORIAL
Vitor Donofrio

EDITORIAL
João Paulo Putini
Nair Ferraz
Rebeca Lacerda

AQUISIÇÕES
Cleber Vasconcelos

PREPARAÇÃO
Fernanda Guerriero Antunes

REVISÃO
Bárbara Cabral Parente

CAPA, P. GRÁFICO E DIAGRAMAÇÃO
Nair Ferraz

Texto de acordo com as normas do Novo Acordo Ortográfico da Língua Portuguesa (1990), em vigor desde 1º de janeiro de 2009.

Dados Internacionais de Catalogação na Publicação (CIP)
Angélica Ilacqua CRB-8/7057

Rijo, Adlla Bravo
Anamorfose e outros contos / Adlla Bravo Rijo. - Barueri, SP: Novo Século Editora, 2017.
(coleção talentos da literatura brasileira)

1. Contos brasileiros I. Título.

17-1170   CDD-869.3

Índice para catálogo sistemático:
1. Contos: Literatura brasileira   869.3

NOVO SÉCULO EDITORA LTDA.
Alameda Araguaia, 2190 – Bloco A – 11º andar – Conjunto 1111
CEP 06455-000 – Alphaville Industrial, Barueri – SP – Brasil
Tel.: (11) 3699-7107 | Fax: (11) 3699-7323
www.gruponovoseculo.com.br | atendimento@novoseculo.com.br

novo século®

Dedico este livro aos meus queridos filhos, *Anthony Rijo Costa Leahy* e *Victor Rijo Costa Leahy*, pelo grande amor que sentimos uns pelos outros e pelo imenso apoio e paciência que sempre dispensaram a mim, inclusive durante a criação desta obra. Dedico igualmente à minha amada e saudosa mãe, *Diva Rijo* – a mulher na qual sempre me inspirei, meu manancial de força, coragem, inteligência, alegria, beleza e altruísmo, dedicada à Psiquiatria, cujo amor alimenta infinitamente a minha vida; sendo que, por razões inacessíveis à compreensão humana, não se encontra mais nesta dimensão.

Dedico, por fim, ao meu pai, *Marcondes Costa*, homem de inarrável valor para a humanização da psiquiatria, a cultura musical e a arte poética desta região, verdade seja dita, também escritor, de quem assimilei o desejo premente pela arte da escrita literária.

Agradecimentos

Aos meus filhos tão amados, *Anthony Rijo Costa Leahy e Victor Rijo Costa Leahy*, por este sentimento eterno que nos une e pela colaboração na apreciação dos contos. Vale registrar que o título de um dos meus primeiros contos – "Psicanalhismo" – foi cunhado por sugestão de meu filho Anthony.

Aos meus pais, *Diva Rijo* e *Marcondes Costa*, pela oportunidade que me deram, com seus ensinamentos, de construir a minha trajetória de vida e pela confiança que sempre depositaram em mim.

Ao meu querido *João Eudes Leite Soares*, que infelizmente não se encontra mais entre nós, pelo grande apoio e incentivo que sua presença sempre significou para mim.

Ao amigo *Enio Lins*, jornalista, primeiro editor a publicar meus escritos na imprensa alagoana, pelo valioso estímulo, observações e sugestões.

Ao meu irmão, *Adller Sady Rijo Farias Costa*, uma fabulosa e gigantesca enciclopédia ambulante – no sentido literal e metafórico –, pela importantíssima colaboração na análise das narrativas.

Ao meu tio, *Marcos de Farias Costa*, profundo conhecedor da literatura em toda a sua extensão, poeta, tradutor, escritor e compositor, pelas preciosas dicas que me levaram a uma reflexão mais aprofundada na confecção das narrativas.

À professora, escritora e poeta *Arriete Villela*, pelas incalculáveis lições proferidas na sua oficina de escrita criativa e pela avaliação de uma parte significativa dos contos.

Ao magistral escritor, *Sidney Wanderley*, pela sua colaboração e presteza nas diferentes oportunidades em que o solicitei na incursão a esta obra.

E aos demais que, de alguma forma, contribuíram na elaboração desta obra.

Prefácio	11
Anamorfose	15
O dogma feminino	41
Psicanalhismo	53
Amor equivocado	59
O aperto	69
Incongruência	77
O machista mascarado	83
Irmã Eulália	93
O professor de piano	99
O mar	107

Pre*fácio*

A*DLLA,* B*RAVO!* R*IJO É SEU* desiderato artístico, aqui comprovado nas letras.

O foco da autora, quase exclusivo, centra nas vicissitudes da condição contemporânea feminina, e seus contos nos contam histórias dissonantes da propaganda onde a mulher, nos dias – e, principalmente, nas noites – em curso, teria a mesma desenvoltura dos homens. A escritora não vê assim. Descreve casos, destrincha velhas novas táticas dos caçadores de sempre e cutuca reflexões.

Ela não contesta os imensos avanços conquistados pelas mulheres. Porém, desmonta o mito da igualdade prática.

Por milhares de anos a questão comportamental seguiu na mesma toada monocórdica: a fêmea é um objeto, podendo ser mais ou menos valorizado, com exceções, lógico, ao longo da história.

Foram notas destoantes. Ora um espasmo de poder, vide as grandes rainhas, como Catarina da Rússia e/ou as britânicas Victória, Elisabeth I e Boadicea, esta uma bárbara. Ora nas artes, aqui e ali nomes femininos deram o tom, na prosa de Jane Austen ou Mary Shelley, embora a doce e genial escultora Camille Claudel tivesse desabado – em parte por conta do amor –, apesar do imenso talento. Na ficção, Anna Karenina reflete dramas semelhantes vividos, ou morridos, cotidianamente, ao tentar sair dos trilhos "do lar". Ousando escolher seus companheiros na vida real, pioneiras legaram lições singulares, a exemplo de Chiquinha Gonzaga; mas, não raro, amargaram tragédias, como Ana Emília Solon Ribeiro – em seus sobrenomes Cunha e de Assis.

Os triunfos femininos aparecem como cenas isoladas, num cenário quase imutável, por milênios, de poder machista. Afinal, os casos de poliandria são escassos e quase sempre pretéritos e/ou folclóricos, enquanto a poligamia continua viva não só entre árabes muçulmanos, mas também no meio de americanos modernos e para mais além das vizinhanças mórmons de Salt Lake City – em pesquisa de 2001, foi registrada a simpatia de 16% da população dos Estados Unidos para com o direito do macho ter um harém para chamar de seu.

As coisas mudaram, é verdade. As *suffragettes* abalaram as bases dos costumes políticos globais desde o crepúsculo do século XIX, brigando pelo direito do voto. Penaram prisões e até mortes por conta dessa bandeira. Hoje votar é tão banal, e até supérfluo para muita gente, a ponto dessa duríssima batalha ter sido esquecida. O olvido também vai metamorfoseando o "Oito de Março", convertido numa data comercial voltada ao consumo de flores, chocolates e outros brindes de gentis homens às mulheres ao alcance da mão.

O senso comum – alimentado pela arte milenar da fofoca e pelos grandes veículos midiáticos – tem certeza da revolução comportamental. Elas teriam agora os mesmos direitos deles, podendo, inclusive, degustar alguns dos tidos e havidos vícios de relacionamento típicos dos seres masculinos. Será?

A autora discorda. E lista, em pleno século XXI, agruras femininas nas tentativas de escapulir da posição de alvo fácil e exercitar o tão propalado direito de ter uma vida afetiva e sexual livre dos preconceitos e das pressões machistas da antiguidade. Desnuda ela essas aratacas da contemporaneidade.

De quebra, espicaça mitos da psicanálise e psiquiatria, sem esconder o alvo no título de um dos contos: "Psicanalhismo".

Mas, ao fim e ao cabo, Adlla traz à tona a lembrança de criaturas como a maviosa *Thelxiepia* – aquelas sim, senhoras da situação e devoradoras de homens em sentido diametralmente oposto ao desejado pelo macho dominante.

Enio Lins
– jornalista, chargista, secretário de Estado da Comunicação, membro efetivo do Instituto Histórico e Geográfico de Alagoas. Exerceu os seguintes cargos: presidente do Diretório Central dos Estudantes da UFAL, diretor do Sindicato dos Jornalistas Profissionais de Alagoas, vereador por Maceió, secretário municipal de Cultura de Maceió, secretário estadual de Cultura de Alagoas, diretor cultural da Associação Comercial de Maceió, presidente do Iteal (Rádio e TV Educativa), editor-adjunto da Gazeta de Alagoas, coordenador editorial da Organização Arnon de Mello.

Anamor*fose*

"Não se nasce mulher: torna-se."
Simone de Beauvoir

ELES APENAS SE OLHARAM de soslaio, sem nem se conhecerem. Contudo, tal circunstância não deixou em Ludmila qualquer resquício de recordação, mesmo porque havia tantas pessoas ali que ela não conhecia. Não costumava frequentar esses eventos literários. Sim, tratava-se do lançamento de um livro acerca da história de vida de um integrante daquela agitada e nebulosa cidade. Um médico e pintor renomado já falecido. Ludmila apenas fora a convite de sua amiga Ana Elise, poetisa e escritora com diversas obras publicadas, e reconhecida nos grupelhos artísticos da megalópole paulista. Apesar de sentir-se um pouco deslocada, Ludmila ficou feliz em participar de tal acontecimento, pois tinha a pretensão de se dedicar à literatura e à filosofia, e de se tornar uma escritora com fumos de vanguarda. Precisava conhecer mais pessoas desse meio.

Entretanto, o que ela não esperava é que aquele evento traria mudanças inesperadas em sua vida pessoal. Aliás, quantas vezes isso acontece em nossas vidas sem que o imaginemos? Conhecer novas pessoas, estar ao alcance delas, pode nos trazer significativas transformações, quer internamente, quer externamente; quer para o bem, quer para o mal.

À parte as divagações, vamos ao que interessa. Dois dias depois, Ludmila fora, como de costume, ao supermercado.

Ali podia comprar produtos frescos que satisfizessem às suas recentes convicções em prol de uma alimentação *orgânica*. Ao se dirigir ao caixa, constatou que estava sendo observada por um homem de porte médio, bastante apresentável, que aparentava cerca de 47 anos, ou seja, quinze anos mais velho do que ela. Quando chegou ao estacionamento, sentiu que estava sendo seguida e viu, ao olhar para trás, que se tratava do mesmo homem. Ao se dar conta, tomou um susto, mas, em seguida, pôs-se a ouvir o que ele tinha a dizer.

– Você não estava no lançamento do livro sobre o Dr. Pierre Chablis? Era você, não era?

– Sim, eu estava lá. Como sabe que era eu?

– Como eu podia esquecer? Olhamo-nos, você não lembra?

– Não. Como é seu nome? O que você faz?

– Ah, perdão, nem me apresentei. Meu nome é Hernandes. Sou médico intensivista. É, exatamente. Aquele que comanda uma UTI.

– Poxa, que profissão nobre!

– E você, como se chama?

– Eu me chamo Ludmila.

– Bonito nome. Será que você poderia me dar seu telefone para que pudéssemos trocar algumas ideias? Estou sem caneta, você teria uma caneta aí?

– Acho que tenho um lápis na bolsa... Aqui está, doutor.

– Doutor não, Hernandes. Ligarei logo que chegar em casa.

– Está bem. Até mais.

Ludmila encantou-se de imediato com aquele indivíduo, cuja profissão era das mais belas e altruístas para um simples ser humano. Mas uma coisa a intrigou: a forma como ele apertou sua mão ao se despedir. Ela chegou a sentir dor nesse momento, tamanha fora a força por ele empregada nesse gesto! Por outro lado, impressionou-a a maneira segura com que falava e gesticulava, denotando firmeza de propósitos. E, ainda por cima, era um homem formoso, cujo rosto exibia olhos castanho-esverdeados, com feições ternas e infantis que contrastavam com uma voz máscula e levemente rouca. Enfim, tinha uma bela compleição, porém um pouco castigada, provavelmente em razão do desgaste proveniente da função que exercia.

Só deu tempo de Ludmila pôr os pés em casa, e o celular tocou incessantemente.

– Oi, sou eu, Hernandes – afirmou ele com um tom de voz que não carregava o menor traço de timidez.

– Oi!

– Gostaria muito de encontrar você pessoalmente para que pudéssemos conversar. O que você acha?

– Bem...

– Você é compromissada?

– Não. Não sou. E você? É solteiro?

– Bom... Na verdade... Eu não sou casado no papel, mas convivo com uma pessoa há algum tempo.

– Isso já é um empecilho para que possamos nos conhecer melhor, você não acha?

– Não necessariamente. Vivo com essa pessoa, porém nossa relação já está muito desgastada, e eu pretendo me separar. É uma questão de tempo. Você sabe, essas coisas não são fáceis...

– É? Não sei. E o que você pretende comigo? Um encontro sorrateiro?

– Não! De forma alguma! Quero muito conhecer você melhor. Suas maneiras me impressionaram! Por favor, escolha um lugar.

Ludmila sabia que o mais sensato seria dizer não, mas havia algo oculto naquele homem que lhe aguçava a curiosidade e a atraía. Isso sem falar na admiração que logo a invadiu, por se tratar de um médico com uma especialidade reveladora de tanta generosidade.

– Está bem. Podemos nos conhecer como amigos. Você sabe onde fica a Livraria Cultura do Shopping Iguatemi? No Jardim Paulistano, na Zona Oeste? Podemos nos encontrar lá para um café. Mas, só como amigos...

– Sei perfeitamente onde é. Ótima ideia. Que tal amanhã às dezessete horas?

– Tudo bem pra mim.

– Combinado!

Era um dia de segunda-feira. Exercendo uma pontualidade britânica, Ludmila chegou ao local. Sentou-se a uma das mesas e ficou folheando um livro do filósofo estoico Lúcio Ênio Sêneca, cujo conteúdo já sabia de cor e salteado: *Da brevidade da vida*. Nesta obra, Sêneca adverte, em termos gerais, que a melhor maneira de completar a existência terrestre, seja ela breve, seja longa, é a prática da honestidade. A sabedoria e a virtude são a meta da vida moral, o único bem imortal que possuem os mortais. A sabedoria consistirá, segundo a doutrina estoica, em seguir a natureza, deixando-se guiar por suas leis e seus exemplos. Estando a natureza regida pela razão, obedecer-lhe é obedecer à razão, podendo o homem, assim, ser feliz. A felicidade seria a adaptação à natureza para manter um equilíbrio que nos deixe a salvo das vicissitudes da fortuna e dos impulsos do desejo que obscurecem a liberdade. Tais ensinamentos de épocas remotas, compartilhados também pela nossa personagem, reforçavam ainda mais o pensamento de que não devia estar ali, pois, se algo passasse a existir entre eles, poderia sentir-se responsável pelo fato de ter se imiscuído e colaborado para a destruição de um relacionamento que, bem ou mal, ainda se encontrava sob a caução dos Lares e da deusa Hera.

Minutos se passavam, e com eles também a tranquilidade de Ludmila. O relógio já marcava 17h30, e nada do nosso galanteador, discípulo de Hipócrates. *Será que ele não vem mais? Desistiu?*, pensou ela. Às 17h45 o telefone toca e, logo em seguida, Ludmila ouve aquela mesma voz grave: "Oi, Ludmila, estou um pouco atrasado, mas já tô chegando. Me aguarde, que eu chego já".

Às dezoito horas em ponto, ou seja, uma hora após o combinado, ele chega sorridente e extrovertido, características que, conforme Ludmila percebeu mais tarde, eram-lhe peculiares. Doutor Hernandes senta-se à mesa e, de pronto, ao avistar o volume de Sêneca envolto em tons rosáceos fixados nas delicadas unhas de sua futura presa, passa a fazer observações sobre esse autor, esclarecendo, desde já, que, entre os filósofos, não era o seu preferido, afinal não apreciava a filosofia estoica.

Chamou a atenção de Ludmila o fato de o doutorzinho não ter sequer pedido desculpa pelo longo atraso. Mas, depois, pensou que isso se devia ao fato de se tratar de um homem com uma função tão extraordinária e indispensável à atual conjuntura da humanidade, e que os outros é que, de fato, tinham de esperar por ele.

Conversaram por horas múltiplas e numerosas que a qualquer espectador pareceriam os grãos de areia infindáveis de uma ampulheta, mas que para ela se esvaeceram como num sopro. Ele lhe contou sua história de vida, em que, diga-se de passagem, não havia nada de fácil. Filho de pai alcoólatra, Hernandes teve de se virar muito cedo na vida; especialmente porque precisava ajudar seu irmão mais velho, Felix, portador de um autismo severo e incapacitante. Felix havia deixado há oito anos este vale de lágrimas, mas durante boa parte da sua existência efêmera fora Hernandes o seu guardião.

Hernandes mencionou também que o pai sempre fora muito rígido com ele, uma vez que na sua infância e adolescência não tivera tanta paciência assim com seu irmão, que considerava um verdadeiro embaraço na sua vida.

Somente com o passar dos anos e o amadurecimento é que Hernandes, conforme asseverou, ter-se-ia dado conta do quanto aquele ser dependente e indefeso necessitava de sua colaboração, e que isso não se dava por vontade dele. "Afinal, ele não havia se tornado autista por determinação própria!"

Toda aquela trajetória impressionou muito Ludmila. "Que homem singular! Nunca conheci ninguém tão generoso e genuíno! E o que dizer do fato de ter ele se tornado um médico, abraçando um ofício constituído de tanto devotamento? Ah! Que pessoa... Que homem!"

Nesse primeiro encontro, nossa personagem sentiu-se tão à vontade e confiante em relação àquele que se dizia seu pretendente, que lhe contou até mesmo um segredo que guardava a sete chaves. Algo de que nunca se orgulhara. Pelo contrário: causava-lhe intenso pesar. Há dez anos fizera um aborto por ter engravidado de um rapaz que conhecia muito pouco. Não acatava a possibilidade de se tornar mãe solteira, e por não saber exatamente em que terreno estava pisando, concluiu que o melhor seria encerrar essa possibilidade de mudança. Não apenas isso a levara a tal decisão. Na época, estava cursando a faculdade de artes cênicas fora de seu estado, na UFRJ, pois pretendia seguir a carreira de cenógrafa.

Quanto à sua possível conquista amorosa, nosso abnegado *esculápio* não poupou recursos para o triunfo de sua estratégia. Chegaria a dizer, já no segundo encontro, que queria viver com ela! Muito cedo para uma manifestação dessa natureza. Algo devia estar errado! Afinal, quando a esmola é demais, o santo desconfia. Contudo, Ludmila, que a esta altura já estava absolutamente envolvida, sentia-se, vez por outra, lancinada pela culpa por estar construindo sua felicidade sobre as bases do infortúnio de outrem. Não por outra razão, asseverou:

– Se for preciso, aceito ser sua amante. O que não quero é ficar longe de você.

– Como você é generosa, meu bem! Tão desprendida!

Nesse momento, beijaram-se deliciosamente. Entretanto, como era de se esperar, ele ansiava mais do que isso. Ela, por sua vez, como digna discípula de Sêneca, resistiu estoicamente, afirmando que ainda precisavam se conhecer melhor.

Enfim, sem o saber, tinha ele concretas razões para desdenhar o autor do opúsculo *De tranquillitate animi*.

A livraria foi palco do encontro dos nossos personagens por mais três vezes, espaçadas em três semanas, até que a nossa Malinche cedeu aos apelos e assaltos de seu viril conquistador. Correram, então, para um motel, ocasião em que Ludmila entregou-se inteiramente aos desejos e comandos de seu então amante. Eles se despiram sofregamente, momento em que ele a imobilizou por trás, roçando sua virilha na fenda glútea de sua vítima.

– Quero tudo de você... – disse ele, austero, como um Hernán Cortés, com a espada em riste.

– Não! Não devemos – retrucou ela, quase choramingando. – É a primeira vez que estamos saindo.

– Não importa, neguinha. O que interessa é o que sentimos um pelo outro. Vamos, dê-me tudo... Eu te amo!

E assim foi feito. Nesse instante, ele a pôs de prona, como se ela fosse uma boneca de pano, e a penetrou incessantemente, com dosada violência, dando-lhe repetidas e vigorosas mordidas nas costas, que posteriormente lhe causaram hematomas. Com o intuito de evitar maiores desconfortos, Ludmila procurou acariciar seu clitóris, buscando um relaxamento (se é que isso era possível). Finda a selvageria sodômica, Ludmila, que nunca havia se submetido a um coito anal, ficou muda e perplexa com o que acabara de vivenciar. Deixou-a mais perplexa ainda a constatação de não ter desgostado!

Apesar de todo o rebuliço sentimental, e inclusive intestinal, que esses acontecimentos lhe causaram, esperava ela que o doutorzinho fosse telefonar no dia seguinte, como, aliás, esperam todas as mulheres deste mundo nessas circunstâncias melindrosas. Entretanto, não obstante tenha ela permanecido o dia inteiro grudada no celular, este não acusou nenhum telefonema. Nem sinal daquele desbravador atlântico; pelo menos, não no dia esperado! Somente três longos dias depois é que ele ligou, sem ao menos se justificar pelo atraso; o que, aliás, parecia ser uma postura já consolidada em seu particular manual de procedimentos para as relações interpessoais. Tal comportamento suscitou, naturalmente, a resistência de Ludmila, que, então, foi tomada pela convicção de que não deveria voltar a se encontrar com aquele tratante ou, como diria sua prima Ritinha, originária de Sergipe, aquele *farrapeiro*.

– Devia ter ligado há três dias! Sabe o quanto isso é importante para uma mulher.

– Desculpe, querida, é que eu estava sem crédito.

Tal resposta só podia ser uma pilhéria, pensou ela. *Como um médico podia estar sem crédito para dar um telefonema?!* Por outro lado, como podia Ludmila, uma mulher solteira, romântica e deslumbrada, evitar aquela maravilhosa incoerência em que as mulheres mais sábias incidem todos os dias? A partir daí, passou a fornecer a si própria justificativas irrisórias para a atitude antes negligente de seu amigo... amigo não, nem amante..., de seu... sabe-se lá o quê.

Acolhendo os argumentos do intensivista, Ludmila propôs-se a um novo encontro, desta vez regado a vinho francês, castanhas de caju naturais e chocolate amargo. Tinha de haver algo de inebriante para amenizar a dor ocasionada por aquela dança bárbara e desafiadora, que mais parecia um combate ou um enfrentamento. As mordidas não lhe causavam apenas um incômodo, mas verdadeiro sofrimento físico, e lhe deixavam, por vários dias, marcas limitadoras do uso de determinadas vestimentas.

Encerrada esta segunda etapa, o período para que os "amantes" voltassem a se comunicar se prolongou bem mais, pois ele nem sequer se deu o trabalho de telefonar, limitando-se a enviar mensagens pelo celular, cujo conteúdo era quase que exclusivamente: "saudade!". Não se preocupava nem em variar. E o que parecia mais grave: nem mesmo atendia aos telefonemas posteriores de Ludmila.

Não obstante a necessidade de um parceiro, estava claro para Ludmila que aquele homem não tinha intenções sérias para com ela. "E toda aquela conversa de que pretendia se separar da companheira atual não devia passar de potoca!" Aliás, chamava a atenção o fato de que ele nunca mencionava sequer o nome dela. A única coisa que Ludmila sabia era que conviviam há seis anos e não tiveram filhos.

Contudo, considerando que o tempo tem o condão de apagar boa parte dos ressentimentos, e tendo em vista os efeitos deletérios que a privação sexual ocasiona em pessoas jovens como Ludmila, outro caminho não houve senão mais um "reencontro". Assim, um belo dia ele resolveu ligar, dizendo-se muito carente e precisando em demasia conversar com ela. Ludmila não era uma mulher tola, mas já estava envolvida o bastante para poder discernir com total clareza, neste início de relacionamento, o que se passava. Com efeito, mais uma vez, dando a si mesma justificativas no sentido de que todas aquelas atitudes reprováveis deveriam ser decorrentes do excesso de trabalho e de responsabilidade, assim como de uma insegurança que permeia o universo masculino, afrouxou a guarda e submeteu-se, novamente, aos desejos desse indivíduo que bem podia ser um personagem do Marquês de Sade.

No motel, o espelho no teto observava e transparecia aquela série ritmada, primitiva e sensual. Desta vez, estavam de "ladinho"; ele por trás, como é óbvio. Ela gemia e gritava, numa toada que revelava todo o prazer que sentia naquela luta que parecia insana, mas cuja benignidade ou malignidade ninguém nunca ousou provar em toda a história da humanidade. Isso sem falar nas mordidas já mencionadas. Tudo que ali podia ser feito fora feito, sem pudor.

Completado cerca de um mês do último encontro, algo inusitado e ao mesmo tempo esperado aconteceu: o fundado receio de uma gravidez. Pois é. A pingadeira cíclica insistia em não descer. Mas como, se todo mês ela aparecia com a mesma regularidade que a aurora e o crepúsculo? Uma semana de atraso, e Ludmila não suportou. Ligou imediatamente para aquele que agora parecia, mais do que nunca, ser o seu algoz, seu conquistador, seu Aguirre ensandecido; e, como sempre, ele não atendeu.

Vendo-se num beco sem saída, Ludmila tentou o WhatsApp e enviou ao também responsável pelo seu intenso estado de angústia – já que o outro era ela mesma – uma mensagem cujo conteúdo era o seguinte:

– Preciso falar com você com a máxima urgência!

Ao que ele respondeu:

– Pois não. Sou todo ouvidos...

– Minha menstruação está atrasada há mais de uma semana, acho que estou grávida.

– Não se preocupe, meu bem, isso não é possível.

– Como não é possível? Que história é essa?

– Sou vasectomizado, querida.

– Você nunca havia me dito isso.

– Você não perguntou.

– É, mas há quanto tempo você fez essa vasectomia? Já li que até um certo período é possível uma gravidez, especialmente no primeiro ano do procedimento, e alguns anos após, também.

– Fique tranquila, sou vasectomizado há dez anos.

– Não posso ficar tranquila, pois sei que essas promessas científicas nem sempre dão certo na prática. Exceções sempre existem. O fato é que um fenômeno infalível, como os movimentos de translação e rotação da Terra, deixou de acontecer no devido tempo. Esse atraso não é aceitável!

– Calma, querida. Faça um teste de farmácia e tudo estará resolvido.

– É claro que farei. Inclusive já comprei, mas diz na embalagem que o resultado é mais seguro se realizado o teste com a primeira urina da manhã.

– Não! Faça agora. Amanhã você faz outro.

– Não vou fazer algo só para me enganar temporariamente. Se a recomendação é para fazer com a primeira urina da manhã, é com ela que eu farei. Dormiremos com essa dúvida. Até mais.

– Até amanhã.

Essa noite foi conturbada. Mal raiou o dia, Ludmila já estava no banheiro segurando aquilo que parecia ser o ditador de seu destino dali para a frente. Uma coisa tão pequena, tão leve e tão flébil, um simples e barato teste de farmácia iria dizer-lhe algo de infinita relevância para toda a sua existência. Foram os cinco minutos mais longos de sua vida, porém o resultado veio satisfatório, não só pelo fato de que um filho não estava nos seus planos agora, ainda mais com um homem que mal conhecia, mas em vista de existir gente demais neste mundo, anulando os reclamos da evolução no sentido da perpetuação da espécie. "Ai, que alívio! Não estou grávida! Mas o que está se passando comigo? Será todo esse atraso decorrente da ansiedade a que venho me submetendo? Eu não carrego um filho, mas certamente estou prenhe de impulsos ferozmente voluptuosos."

Bastante aliviada, mas ainda em estado de torpor pelo susto que passara, Ludmila, inspirada pela deusa Atena, resolveu fazer outro teste, desta vez com o seu dito pretendente, de modo que lhe enviou uma mensagem, na qual foi travada a seguinte conversa:

– Você vai ser pai!

– O que está dizendo?!

– Isso mesmo. O teste deu positivo.

– Não é possível. Como eu já lhe disse, fiz vasectomia, e a mobilidade dos espermatozoides é praticamente nenhuma.

– Você nunca ouviu falar que nessas questões prevalece a compatibilidade?

– Compre outro teste e faça novamente.

– Não há como ter dúvida: menstruação atrasada há mais de uma semana, teste de farmácia positivo... Temos de agir rápido e pensar logo no que vamos fazer.

– Como assim?

– Você vislumbra a possibilidade de viver comigo?

– Não posso viver com você, pois estou de viagem marcada para passar uns tempos fora do país. Acho que foi um erro termos saído três vezes.

– Mas foi você que, desta vez, fez questão de se relacionar sem proteção. Eu cheguei a insistir várias vezes para usá-la, lembra?

– Isso agora não vem ao caso – retrucou ele com um tom severo.

– Fique tranquilo! Estava brincando. O teste deu negativo, mas agora tenho a prova do que eu significo pra você: um mero objeto de prazer sexual. Nunca me entreguei a um homem como a você. Mas não se preocupe; chorarei dois dias, no terceiro eu já terei esquecido.

– Sabia que tinha algo errado nas suas palavras. Na verdade, eu não vou morar fora do país. Disse isso porque me senti pressionado.

– ATÉ NUNCA MAIS.

– Espere aí. Você acha certo o que você fez? Acha que pode sair por aí brincando com as pessoas?

Ludmila não se deu o trabalho nem de responder àquele disparate. Bloqueou imediatamente todos os canais pelos quais podia ter contato com aquele ser incoerente e inconsequente. Trancou-se no quarto e pôs-se a chorar para expurgar aquela angústia tão pungente quanto a de um bebê índio abandonado num contêiner em plena metrópole.

Como havia de acontecer, os dias se passaram e ela necessitou seguir sua vida. Ludmila era jornalista e escrevia para um jornal da cidade de São Paulo, onde habitava. Amava o que fazia, especialmente quando podia se dedicar mais à literatura, que era a sua paixão. Futuramente, quando já houvesse feito um "pé de meia", pretendia dispensar à escrita literária a maior parte de seu tempo.

Todo esse projeto, capaz de demonstrar que nossa heroína tinha vida própria e sonhos audaciosos, impulsionava Ludmila no sentido de deixar para trás aquele episódio lamentável e infeliz de sua existência terrena.

Certo dia, estava voltando a pé do jornal, como não raro fazia e, num gesto quase automático, parou em frente à Escola de Dança Julie Carlson, situada na Avenida Santo Amaro, próximo ao Parque Ibirapuera, onde havia um cartaz logo na entrada, cujo colorido lhe chamou a atenção.

"Dance como uma flor que não pede licença para nascer."
(Kazuo Ohno)

Aquela frase produziu em seu espírito uma advertência salutar, pois, como permanecia muitas horas em estado de imobilidade em frente a um computador, sabia que precisava intensificar suas atividades físicas diárias. Além disso, o balé era-lhe algo mais do que familiar, pois se dedicara a ele durante praticamente toda a sua infância e adolescência.

Inscreveu-se na referida escola, cuja frequência exigida era de três vezes por semana.

Encantou-se logo na primeira aula. Executar aquela dança era algo tão envolvente que se esquecia do tempo. A música clássica soava em seus ouvidos como o canto dos pássaros nas primeiras horas do dia. Quanto à professora, descendente de ingleses, era uma mulher na casa de seus cinquenta anos, mas ainda muito bem conservada. Como todo bailarino profissional, tinha o corpo esculpido pela dança clássica. Suas formas eram fortes e marcantes. Pele branca sem nenhum vestígio de bronzeamento, olhos negros e lepidamente vivos, nariz bem desenhado tal um triângulo equilátero e relativamente pequeno, uma boca copiosa e bem projetada, em especial no que concerne ao lábio inferior, e cabelos negros, contrastantes com a alvura da tez. Ademais, via-se logo, pela expressão facial e maneiras, que se tratava de uma pessoa extremamente dinâmica e empreendedora, características que impressionaram sobremaneira Ludmila.

Como o balé já lhe era algo bastante familiar, Ludmila se readaptou de forma rápida às posições e passos exigidos por esta dança tão sublime. "*Demi-plié, tendu, passé, jeté, pirouette, sissone, grand battement*, primeira, segunda, terceira posição...". Estava novamente fascinada por todo aquele conjunto de técnicas que, paradoxalmente, resultavam numa fluidez incomparável.

Julie também carregava algo que, dito aos possuidores de mentes circunscritas, poderia ser entendido como uma contradição: ao mesmo tempo que era dotada de extrema paciência, era altamente exigente na realização dos movimentos de suas alunas. Não sossegava enquanto não atingisse a "perfeição" ou, no mínimo, algo muito similar.

O contato entre Ludmila e Julie estabelecia-se, progressivamente, corpo a corpo, nas correções de postura que esta fazia em sua aluna: tocando, apalpando e repuxando seu tronco, nádegas e membros; mas acabou por ocasionar, aos poucos, uma sólida comunhão de espíritos.

Foi nesse contexto que Ludmila se viu estimulada sexualmente ao sentir as mãos de Julie pressionando seu bumbum na busca de uma postura mais contraída, ou quando esta segurava de maneira firme e delicada a sua perna, num gesto de afastá-la o máximo possível, conforme as exigências da dança. E em pouco tempo, o que se podia ver não era mais a professora corrigindo uma aluna. Eram duas madalenas não arrependidas presas num claro-obscuro de uma tela que nem Caravaggio, nem Georges de La Tour pintaram, cada qual com duas velas acesas em suas faces reluzentes, faiscando de desejo e leveza como num quadro de Boucher.

Por nunca ter vivenciado algo parecido, Ludmila tentou, por várias vezes, resistir aos impulsos e desejos que nela irrompiam vigorosos, especialmente quando percebeu que era intensa a reciprocidade. Entretanto, a força de tais sentimentos havia de superar a sua relutância.

Assim, no final do mês de novembro, poucos dias antes da data marcada para o espetáculo a ser exibido no Teatro Municipal de São Paulo, em que Ludmila também iria se apresentar, Julie ofereceu-se para dar a ela uma carona, já que estava sem carro nesta ocasião. Ao chegarem à porta do edifício de Ludmila, beijaram-se incessantemente dentro do carro, quando se deram conta, após descerem do automóvel, de que mal podiam esperar para que o elevador chegasse ao oitavo andar. Tocaram-se primeiramente nos seios, no mesmo instante em que se abraçavam. Em seguida se despiram e se deitaram na cama, Ludmila de costas para Julie e nela colada, como se fossem duas gêmeas siamesas, sem nem mesmo se lembrar de afastar a manta protetora.

No dia seguinte tomaram juntas o desjejum e tiveram a oportunidade de conversar mais demoradamente, já que no balé Julie estava sempre ocupada. Ludmila já sabia que Julie estava passando atualmente por um processo de separação, mas respeitava o seu silêncio, já que ela parecia não querer falar muito sobre o assunto. Assim, perguntou apenas se aquele rompimento era algo planejado ou se estava ocorrendo por causa do que vinha acontecendo entre elas (queria tirar de suas costas qualquer peso neste sentido). A resposta não a satisfez por inteiro, pois parecia não esclarecer o que Ludmila pretendia: "Minha relação com o Neto já não vinha bem, mas, depois que eu a conheci e me apaixonei, vi que não havia mais condições de manter uma farsa".

Em seguida, Ludmila contou-lhe sobre a triste experiência que teve com o tal sujeito com quem se relacionara anteriormente, e a forma como se equivocou a seu respeito. Ela apreciava muito a maneira como Julie se manifestava sobre os dilemas que lhe trazia. Sobre o tal médico, pontuou: "Não existe, minha cara, alguém meio honesto, ou meio ético. Quem é ético, o é em todas as esferas da vida. Ele devia ser um péssimo médico! Um alienado!". Quanto à relação ora consumada, Julie asseverou: "Isso que estamos vivendo, meu amor, é a verdadeira libertação. É quando uma pessoa consegue se desvencilhar das exigências e amarras sociais em prol de sua felicidade. Estou muito feliz!".

Chegado o grande dia, o do espetáculo no Teatro Municipal, Ludmila estava com os nervos à flor da pele. Sabia prontamente toda a coreografia, mas fora tomada por aquele friozinho na barriga que tanto inquieta os artistas momentos antes da apresentação. Também não era para menos! Apresentar-se num dos maiores palcos do país, assim como de toda a América Latina, era uma responsabilidade inarrável. Ele estava ainda mais belo e imponente, devido ao restauro pelo qual passou recentemente. Deram início ao número com uma das composições mais belas de Mozart, informalmente apelidada "Elvira Madigan". Felizmente tudo saiu conforme engendrado, e o público foi quase ao delírio com a beleza daqueles movimentos tão suaves e precisos e de toda aquela rica produção. O indesejado ocorreria depois do espetáculo!

Estava Ludmila distraída, conversando com outra dançarina da escola, quando Julie se aproximou ao lado de um homem, dizendo: "Ludmila, preciso lhe apresentar meu ex-companheiro, Hernandes Neto. Ele faz questão de conhecê-la".

Ludmila empalideceu instantaneamente, permanecendo em estado de choque por alguns segundos. Para disfarçar aquela situação, que a ela se mostrava excêntrica, Hernandes estendeu-lhe a mão, numa expressão cortês, proferindo as seguintes palavras: "Muito prazer em conhecê-la. Espero que não tenha reservas comigo. Torço pela felicidade de minha ex-companheira". Ludmila não encontrou alternativa a não ser estender-lhe, igualmente, a mão, num recurso desesperado e desajeitado, para tentar disfarçar a sua perplexidade. Assim mesmo, Julie percebeu que Ludmila não estava bem e perguntou: "Você está tremendo, meu amor! Será que foi a tensão do espetáculo? Vou ali conseguir uma água pra você".

Dizendo isso, e para a infelicidade de Ludmila, Julie, sem desconfiar do que se passava, retirou-se deixando a sós aquelas duas pessoas, que agora se encontravam numa posição mais bem definida, posto que rivais.

– "NUNCA MAIS" é muito tempo para o transcurso de uma vida inteira, não acha, meu bem?

– NÃO. Ao contrário de você, acho que a vida é breve e deve ser saboreada somente ao lado de quem realmente vale a pena. Não tenho tempo a perder com você.

– Pois eu acho que formamos um trio perfeito... É tão excitante!!!

– O que quer dizer com isso, seu asqueroso?!

Neste momento Julie retornou, segurando o copo com água.

– Tome, amor, vai lhe fazer bem.

– Obrigada.

Logo após, Ludmila pediu licença para se retirar, com a desculpa de que necessitava ir ao banheiro. Na verdade, precisava livrar-se daquela visão horrenda e, ao menos, tentar acalmar seu ânimo.

Passaram-se alguns meses, e Ludmila não teve coragem de contar a Julie sobre o seu anterior e breve relacionamento com Hernandes. Achava que Julie jamais compreenderia e passaria a enxergá-la como uma mulher vulgar, desonesta, desprovida de valores.

Apesar de não perceber em Julie o propósito de continuar a manter contato com Hernandes, observando, inclusive, o oposto, o desejo de Julie de um total afastamento, ele, de sua parte, vez por outra, arranjava alguma maneira de esbarrar com ela e, consequentemente, com Ludmila, pois é desnecessário dizer que ambas quase sempre estavam juntas.

Cerca de um ano após a apresentação no teatro, Ludmila estava ensaiando com vistas a um novo espetáculo, ao lado de outras bailarinas, quando se deu o intervalo para que se reidratassem. Julie e Ludmila sentaram a uma mesinha situada na cantina para degustar a merenda que sempre pediam nessa ocasião. Devido ao dia quente que fazia naquela primavera, Julie tirou o cardigã que estava usando e levantou-se para falar com uma aluna, deixando visível para Ludmila, que continuava sentada, algo mais do que intrigante. Suas costas tinham hematomas aparentes, os quais chamavam a atenção. Só podiam ser as mordidas!

A expressão facial e o humor de Ludmila alteraram-se imediatamente. Um turbilhão de questionamentos não lhe dava sossego. "Então, eles estão juntos novamente? Teria sido apenas uma recaída? Como ela teve coragem de se entregar dessa maneira, sem ter o cuidado nem mesmo de evitar tais marcas? Nem se preocupa em me expor? Como eu nunca observei nela tais marcas antes? Será que ele só faz isso com as amantes ou, melhor dizendo, com aquelas que ele, em sua mente degenerada, equipara a Messalina?"

Não obstante a inviabilidade de demonstrar toda a sua inquietação e transtorno, Ludmila não se conteve e perguntou, num tom bastante sério:

– O que houve com suas costas?

– Ah! Caí por cima de uma cadeira, ontem à tarde, quando estava fazendo uma *pirouette* e perdi o equilíbrio.

Essa resposta não pareceu a Ludmila nem um pouco razoável. E a convicção de que tudo o que elas tinham vivido até então não representava para Julie o mesmo que para ela, fê-la querer sair dali o mais rápido possível.

– Preciso voltar para casa.

– Mas como? Temos muito ainda pra ensaiar. A apresentação já é daqui a três semanas.

– Esqueci que tenho um trabalho muito importante para entregar no jornal ainda hoje. Não posso mais ficar. Depois nos falamos...

Ludmila afastou-se rapidamente sem dar espaço a qualquer outra pergunta de Julie. Foi seguir o seu ritual pós-decepção, enclausurando-se e vertendo lágrimas cujo volume quase se equiparava ao das águas do rio Paquetá. Melhor assim, pois sem luto não há renovação.

Ela não visualizou outra saída senão colocar um ponto final na sua relação com Julie, que por sua vez demorou para aceitar, já que o real motivo do rompimento não foi explicitado. Com efeito, nossa heroína justificou o fim com argumentos que diziam respeito à sua alegada dificuldade em manter um relacionamento homossexual, e, consequentemente, suportar toda a censura ainda presente na sociedade.

Depois disso, chegou a dizer a si mesma que, desta vez, nunca mais dançaria. Considerou, entretanto, que seria uma desfeita para com suas colegas de turma do balé não estar presente, ao menos na plateia, no dia do espetáculo. Afinal, quanto tempo durante o ano inteiro esperaram por esse momento?

Arrumou-se com o máximo desvelo, como se fosse ela a se apresentar, dando vida, com suas formas longilíneas, a um vestido de camurça predominantemente vermelho, que deixava à mostra um farto e belo decote, revelando maravilhosamente a divina curva que se formava entre suas ancas e a deliciosa cinturinha. Cabelos longos cor de mel, soltos ao vento, emolduravam aquele harmonioso rosto, cujos traços estavam ainda mais realçados pela discreta maquiagem. Enfim, uma verdadeira representante de Vênus.

Transcorridas duas horas de espetáculo, e encerrada a longa salva de palmas, Ludmila levantou-se e começou a caminhar rapidamente para evitar o congestionamento de pessoas na saída. Involuntariamente esbarrou num homem alto, magro e gracioso de formas, que vinha em sentido contrário e ostentava uma particularidade: apesar da masculinidade que o seu corpo atlético exalava, era possuidor, também, de evidentes aspectos femininos, a exemplo de alguns traços fisionômicos e de uma espécie de gentileza que normalmente não se observa na maioria dos homens, conferindo-lhe um ar de pessoa andrógina. Contudo, se tais atributos poderiam ser vistos pela maioria como algo caricatural, aos olhos de Ludmila forneciam uma aura peculiar bastante interessante. Na colisão, deixou cair a sua *Minaudière*.

– Oh! Perdão, senhorita. Deixe-me apanhá-la.

– Muito obrigada – respondeu Ludmila um tanto sem jeito.

– Você não faz balé na Escola de Dança Julie Carlson?

– Ah! Sim, mas infelizmente eu me desliguei.

— Nossa! Que pena! Vi você dançando no ano anterior. Estava indo muito bem...

— Você não é o bailarino japonês Abel Takahashi?

— Sou eu mesmo. Fomos apresentados uma vez por Julie no espetáculo "O lago dos cisnes", no Balé Nacional da Rússia, lembra?

— Claro, como ia esquecer? Também já vi você dançando e fiquei fascinada!

— Danço desde os meus cinco anos. E você?

— Fiz balé durante toda a minha infância e adolescência, até os dezoito anos, mas depois só retornei há cerca de três anos.

— Sua evolução vinha sendo magnífica... Gostaria de fazer-lhe um convite... Você me daria a honra de me acompanhar numa taça de vinho? Aqui perto tem um restaurante francês muito aconchegante. O que acha?

Ludmila sorriu diante do convite daquele maravilhoso espécime de aparência intersexual, possuidor de duas faces de Janus: Malinche e Cortês num só corpo de Conquistador-Colonizado.

O dogma femi*nino*

"O desejo é a própria essência do homem, ou seja, o esforço pelo qual o homem esforça-se por perseverar em seu ser."

Espinoza

*S*EMPRE CARREGUEI UM dogma comigo. Quase uma *cláusula pétrea*, como se costuma dizer em jargão jurídico. Nunca soube se isso era bom ou ruim, se mais ajudava ou atrapalhava, mas foi este preceito que aprendi de minha mãe: "Uma mulher nunca deve dar o primeiro passo para fisgar um homem; nunca deve oferecer-se a um sujeito. Pode, sim, dar os sinais de que ela o deseja, mas jamais tomar a iniciativa. Isso é papel do varão". Parece machista? Talvez. Mas todos hão de concordar que é difícil livrar-se de tais dogmas do culto de Afrodite. A respeito disso, tenho uma história para contar, que a mim parece de complexa elucidação. Vamos a ela.

Em Aracaju, no mês de maio de 2008, imbuída do propósito de ficar mais bela, como faz boa parte das mulheres de hoje em dia, resolvi submeter-me, com o apoio de meu marido, a uma cirurgia plástica para suspensão das mamas e colocação de próteses de silicone. A tal da mamoplastia! A cirurgia correu bem. Não houve complicação alguma com a anestesia ou qualquer evento que me levasse ao arrependimento; a não ser um que, entretanto, não diz respeito às mamas, mas à minha paz espiritual: apaixonei-me perdidamente pelo "escultor" de meus seios, meu cirurgião. Não sei exatamente em que trecho do caminho eu me perdi. Simplesmente, quando dei por mim, estava absolutamente enlaçada e presa na esparrela da paixão.

Ressalte-se que todas as variáveis envolvidas contribuíram para esse resultado, e penso que não havia mesmo maneira de as coisas ocorrerem de forma diversa. Eu me sentia sozinha há cerca de um mês. Sozinha quer dizer: negligenciada por meu marido, como uma adolescente sem *rolo* e sem *ficante*! O médico era um belo homem de 58 anos, cuja aparência era de 50, que tinha um sorriso puro e os olhos mais doces e penetrantes que já vi em toda a minha vida, "olhos castanhos de encantos tamanhos", como falava uma canção que tanto ouvira na minha infância. Assevero, como esposa de um jovem desembargador recém-empossado, que deveria ser terminantemente proscrito um homem tão lindo e refinado exercer o mister de cirurgião plástico, ainda mais sendo divorciado, como era o caso.

A cirurgia durou cerca de quatro horas e, algum tempo depois, eu já estava repousando no quarto do hospital. À noite, ele foi me ver; disse que eu me encontrava mal posicionada na cama e ajeitou-me com tal desvelo, com a ajuda do meu marido, que eu não pude deixar de oferecer-lhe um sorriso malicioso na hora em que se retirou. Ele apenas me olhou com um discreto espanto complacente.

Entretanto, o que havia de mais crítico eram as tais das "revisões". Periodicamente, eu deveria ir ao consultório para que ele examinasse meus peitos, com o objetivo de saber se tudo estava no lugar. Modéstia à parte, eles ficaram lindos, duas peras rijas, alvas e suculentas, cuja dona também não deixava nada a desejar, apesar de já ser uma jovem *loba*. Olhos grandes e negros, assim como cabelos volumosos e longos da mesma tonalidade, contrastavam com uma pele clara, que dava forma a um corpo escultural, a começar pela cintura de vespa, ou de pilão, como se diz no Nordeste. Não bastasse isso, a cada dia eu me fazia mais vistosa; logo que pude usar uma *lingerie* mais sensual, não titubeei, para o prazer de meu marido, que, em meio a seu atarefado vaivém do Tribunal de Justiça, foi tomado de um surto de virilidade.

Para demonstrar o quanto eu ficara satisfeita com o desfecho da cirurgia, resolvi dar a meu médico um presente e, para tal propósito, considerei que nada seria melhor do que um livro, na primeira página do qual redigi uma dedicatória, assim escrita de próprio punho:

Para Dr. Fernando,
uma pequena lembrança para o mais
nobre dos artistas: aquele que faz verdadeiras
obras de arte em matéria viva.
Com admiração.
Catherine.

Ao entregar o livro, vi que ele leu atentamente a dedicatória. Percebi a sua perturbação. Eu havia conseguido abalá-lo! Ele parecia me olhar como quem dizia: "Ah! Se tudo tivesse acontecido em outras circunstâncias...". Trocando em miúdos: "Ah! Como seria bom se a tivesse conhecido fora do consultório...". Entrementes, ele me disse que não iria atender no início do próximo mês, pois seria o seu aniversário.

Como me senti prestigiada ao ser digna de saber o dia do aniversário dele! Na saída, ainda me deu dois beijinhos.

Antes do seu aniversário, necessitei de uma revisão extra. Havia surgido um pequeno ponto infeccionado na mama esquerda; nada grave. Fiquei aguardando na saleta de exames, deitada numa maca, nua da cintura para cima, com uma calça colada ao corpo, de couro, cor de vinho, e sapatos altos, fingindo ler um livro, cujo título eu tentei esconder logo que ele entrou, pois se tratava d'*O mundo do sexo*, de Henry Miller. Nessa ocasião, ele se mostrou enormemente receptivo e disse que havia começado a ler o livro que eu lhe dera, cujo título era *Da tranquilidade da alma*. Conversamos, então, por alguns minutos.

– Minha cara, estava caminhando no calçadão da praia, ontem à noite, e lembrei que você tinha dito que caminhava na areia; então, como estava tudo iluminado, fui lá caminhar também... – disse ele, empolgado.

– Ah! É muito melhor caminhar na areia da praia; eu adoro, mas tenho receio de fazer isso à noite. Prefiro de manhãzinha.

– É, sozinha eu não recomendo...

– É, acho perigoso.

– É, sozinha eu não recomendo...

Findo o exame, ele me ajudou a vestir minha blusa e se despediu, assumindo um ar professoral, cuja razão não entendi.

– Tome o seu livrinho, até mais – disse ele.

Somente quando saí do consultório é que me dei conta da provável estupidez que eu havia cometido. É claro que ele falou em caminhar na areia à noite para estar comigo num lugar mais reservado. Essa seria a única forma de programarmos um encontro *supostamente desinteressado*. Como pude ser tão estúpida? Mas depois me veio a indagação: o que ele pretendia? Um encontro fortuito? Uma saída ocasional? Uma noite apenas?

Achei por bem não telefonar no dia do seu aniversário; afinal, eu não era nada mais que uma paciente entre as outras, todas apaixonadas por ele. Resolvi então mandar uma mensagem pelo celular, parabenizando-o. Pouco tempo depois, recebi dele um torpedo em que me agradecia e me mandava um abraço.

Na revisão seguinte, já estava sem fôlego de tanta vontade de reencontrá-lo, e pensava: *Tanta espera por tão poucos minutos*. No entanto, o mais inusitado vocês não sabem. Como aquele livro que eu lhe dera não fora comprado com o objetivo de presenteá-lo no seu aniversário, resolvi fazer-lhe outro agrado, até mesmo para tentar reparar a minha falta de bom senso na revisão anterior. Comprei-lhe uma cesta de guloseimas naturais, acompanhadas de um vinho argentino, um Malbec, *Joffré e hijas Premium*, safra 2002, que não tive coragem de entregar pessoalmente, mas que deixei com a sua atendente, para que lhe entregasse somente no final do expediente, conforme tornei bem claro.

Durante a consulta, a sua assistente saiu da sala; então procurei travar com ele o máximo de conversa possível, mas logo ela retornou, e ele pareceu tão monossilábico e tecnicista que saí de lá destruída. Parecia que ele estava ali apenas para cumprir uma obrigação profissional. Cheguei mesmo a chorar quando entrei no meu carro. O que minha consciência dizia era: "Como você foi tola ao desperdiçar seu tempo e sua energia nessa empreitada! Logo, ele rirá de você, pois perceberá os seus sentimentos quando receber a cesta".

Por volta das dezenove horas, ele me mandou uma mensagem, cujo teor era o seguinte:

"Oi, Caterine! Muitíssimo obrigado mais uma vez. Só em dizer que está contente com o resultado, já é um grande presente. Agora tem de ser um abraço especial.

Fernando".

A primeira coisa que observei é que ele tinha errado a grafia do meu nome. Supus que nunca houvera prestado atenção na dedicatória do livro que eu lhe dera. Também me perguntei o porquê de ele não ter telefonado, mas apenas enviado uma simples mensagem. Entretanto, o final do texto me deixou desesperadamente intrigada: "Agora tem de ser um abraço especial". O que significava aquilo?, se é que significava alguma coisa. Fui tomada por um desejo insidioso e provavelmente delirante de devolver-lhe a mensagem, apenas perguntando: "Onde pode ser?", ou simplesmente: "*Où, mon amour?*". Mas, como sempre foi da minha índole, contive-me. Considerando a forma como saí de lá na última consulta, preponderou o fato de ele não ter telefonado, mas apenas mandado um torpedo. Certamente queria manter distância.

Embora meu eletrocardiograma pré-operatório tenha apontado uma excelente condição cardíaca, fiquei a ponto de ter um infarto quando, no dia seguinte, vi no meu celular que havia uma ligação dele. Mas, assim que cheguei na agenda do aparelho, constatei que era uma ligação do telefone fixo do consultório, e não do celular. Mesmo assim, minha dúvida tomou proporções oceânicas, e logo tratei de ligar de volta. A atendente, com uma voz matizada de desconfiança, não sei se por mera distorção do meu espírito açodado, disse-me que o doutor queria falar comigo e lhe passou a ligação.

– Alô.

– Oi, Dr. Fernando. Como vai? – perguntei, num tom tímido.

– Bem, obrigado. Liguei para agradecer o presente. Gostei muito.

– É, eu vi a mensagem – balbuciei com uma voz hesitante.

– Viu?

– Vi...

– Eram castanhas?

– Sim, castanhas e nozes.

– Já comi algumas, mas o vinho eu vou tomar este fim de semana...

Fiquei muda por um instante, pensando nessa frase, mas a única coisa que esvoaçou da minha boca foi:

– Espero que goste.

Em seguida, sua voz ressoou com a frieza de uma crosta de gelo dos Andes, quando ele se despediu e desligou o telefone.

Passei vários dias pensando nisso. Acordava perguntando-me se essa frase não seria uma isca para que eu a fisgasse e dissesse: "Podemos tomar juntos?". Ah! Como eu queria ser fisgada por ele! Mas, a meu ver, dizer aquilo seria muito descaramento para uma mulher. Eu já tinha feito a minha parte. Já tinha demonstrado que ele era importante para mim. Era ele, como homem, quem tinha de perguntar: "Será que podemos tomar juntos? Como amigos, é claro".

Entre esse episódio e a consulta posterior, que seria a última, passaram-se dois infindáveis meses. Preparei-me como de costume: malhação, depilação, *design* de sobrancelha, banho de lua, esfoliação, hidratação e, por fim, cabelos, unhas e maquiagem. Coloquei as roupas cujas formas me concediam o máximo de sobriedade, elegância e, ao mesmo tempo, sensualidade. Não sei bem para quê, pois quando ele entrou na saleta de exames, eu já estava com o torso nu e ofegante, segurando um paninho para cobrir meus seios.

– Quanto tempo!... – disse ele, esboçando aquele sorriso magnífico. – Essas revisões deviam ocorrer mais vezes.

Não acreditei bem no que estava ouvindo; refiro-me à última frase. Achei que podia ser uma espécie de alucinação auditiva. Então, respondi, atordoada e com a desenvoltura comprometida:

– É, foram dois meses.

Em seguida, ele apalpou minha cicatriz, dizendo que ela estava muito boa, pois apesar de vermelha, não estava grossa. Perguntei, então, se eu já podia fazer exercícios que mexessem com o peitoral, ao que ele respondeu que, por enquanto, não; só quando se completassem seis meses de cirurgia.

– Ah! Pensei que já poderia fazer abdominal *infra*, pendurada na barra – falei manhosa, para puxar mais conversa.

– Como é esse exercício? Mostre-me, para que eu lhe diga se você pode ou não fazer.

Então, levantei bem os braços, simulando o tal exercício, inclinando um pouco meu corpo para a frente e livrando-me, felizmente, do tal paninho que eu até então segurava. Tudo para que ele visse bem o quanto eu estava em forma. Eu não queria com ele nada menos do que tudo. Faria qualquer coisa por aquele homem. Submeter-me-ia, com elevada satisfação e garantia de absoluto e perpétuo sigilo, a qualquer um dos seus desejos mais lascivos e até mesmo aos mais doidivanas, se os tivesse.

Acontece que, no decorrer do exame, percebi que ele foi ficando um tanto impaciente, como se quisesse sair logo dali, o que suscitou em mim as mais diversas fantasias; e, antes que não o visse nunca mais, apressei-me em falar.

– Você gostou do vinho?

Com uma caramunha dantesca, repleta de seriedade e rigidez, e já saindo da sala, ele respondeu secamente:

– Gostei.

Notei que não agradecera no momento, o que me pareceu indelicado e destoante, mormente considerando tratar-se de um homem educado. Mas, após já ter saído da sala e fechado a porta, abriu-a novamente perguntando com a mesma frieza:

– Eu mandei uma mensagem agradecendo, não mandei?

– Sim, mandou... E ligou no dia seguinte – respondi automaticamente, com um semblante bastante escabreado, tentando não dar à minha voz um tom revelador.

Dito isso, vocês não podem imaginar qual foi a minha surpresa ao ver aquela inabalável coluna dórica do panteão médico sergipano desabar subitamente porta adentro na minha frente, com o rosto mais rubicundo do que um tomate maduro. Vi-me aterrorizada com a cena, quando passado o primeiro impacto, apressei-me em socorrê-lo e gritar por ajuda. Porém, à medida que os segundos se passavam, fui me dando conta de que algo muitíssimo grave estava acontecendo, pois nem a respiração boca a boca, nem as bruscas massagens que fiz em seu peito adiantavam. Ele sofrera um infarto fulminante e, em pouquíssimos minutos, percebi que meus esforços eram vãos. Todos os sinais vitais haviam-se esvaído. Não havia mais pulsação.

A partir daí, entreguei-me ao desespero e passei a sacudi-lo inutilmente, chorando e indagando, em vagidos altíssonos, em frente das pessoas que já estavam na saleta e a tudo assistiam:

– Por que ficou tão abalado? Sente alguma coisa por mim? O que pretendia comigo? Diga!!! Diga!!! Diga!!!

Ao me verem naquela situação, todos, incluindo a atendente, a assistente e os pacientes, olhavam-me com a certeza de que eu havia surtado ou de que eles próprios participavam dum estranho fenômeno alucinógeno coletivo.

Foi esse o último contato que tive com aquele homem que eu desejava com toda a candura da minha alma e com os mais libertinos propósitos. Naquele instante, minha paixão estava em seu ápice, flutuando no céu dos arrebatamentos amorosos.

A par dos acontecimentos, e assegurando-lhes, caros leitores, que o fato ocorreu exatamente como narrado, deixo a vocês a incumbência de desvendar se, de fato, havia interesse da parte dele ou se tudo não passou de puro devaneio de minha mente, sempre tão criativa. Meu marido parece compartilhar dessa última opinião, visto que está bastante feliz em pagar-me, agora, uma psicanálise.

De qualquer forma, é certo que, diante das circunstâncias, meu cirurgião não podia, nem na sua prévia condição de médico conccituado, nem no seu novo *status* de finado cavaleiro, cortejar-me abertamente. Não podia tomar a iniciativa. Quanto a mim, mulher madura, de razoável experiência, desenfreadamente apaixonada e, ainda por cima, siliconada, esbarrei e esborrachei-me no dogma feminino... com silicone e tudo!

Psicana*lhismo*

"A verdade te libertará.
Mas primeiro ela vai te enfurecer."
Gloria Steinem

NÃO HAVIA FITA MÉTRICA CAPAZ de dimensionar a alegria de Venância, uma moça vinda do interior de Alagoas, ao ter nas mãos o seu certificado de conclusão do Curso de Formação em Psicanálise. Era mais um degrau alcançado na infindável torre de seus audaciosos sonhos. Já durante o curso de psicologia ela não tinha dúvida de que sua meta era ser discípula incansável de Sigmund Freud e tornar-se uma renomada psicanalista – embora tal ofício ainda não seja nos dias de hoje sequer regulamentado no Brasil, mesmo passados mais de setenta anos da morte de seu fundador. Essa última parte do plano ia depender, como é óbvio, do seu empenho. Pois bem, diploma e certificado na mão, Venância estabeleceu-se, definitivamente, na cidade de Maceió, o paraíso das águas, palco das luminosas praias de Ponta Verde e Pajuçara.

Os anos se passaram. Venância tornou-se professora de psicologia no ensino superior. Posteriormente, fazendo uso das economias que arrecadara por meio de uma postura que podia enquadrá-la como uma autêntica sovina, adquiriu uma saleta de dois cômodos que transformara em consultório de psicanálise. A partir de então, começou com uma pequena clientela cujos indivíduos, aderindo à terapêutica e abandonando-a, comprometiam a regularidade do tratamento. Essas iniciações e abandonos deixavam a nossa personagem numa crise quase existencial, ainda mais por ser a psicanálise um processo sabidamente a longo, ou melhor, a *longuíííííssimo* prazo.

Por mais que se esforçasse, não conseguia manter uma clientela à altura de seus conhecimentos adquiridos à custa de tanto esforço. Não existia um dia sequer em que Venância não se debruçasse em prol dos livros, cuja temática era, invariavelmente, a psicanálise e seus conceitos. Modéstia à parte, e levando em conta que a perfeição não é deste mundo, considerava-se, senão o melhor, um dos três melhores profissionais de psicanálise da região.

O poder aquisitivo de sua clientela também dificultava o propósito de fazer dela o seu laboratório, com a mais alta determinação de desenvolver a teoria de Freud. Inúmeras vezes teve de fazer significativas concessões financeiras para que seu analisando ou analisanda pudesse permanecer, ainda que por mais um período, aos seus cuidados.

Noutras ocasiões, a própria transferência e a contratransferência eram o empecilho. Certa feita, apaixonou-se desesperadamente por um jovem analisando casado que tinha, senão a metade, um terço da sua idade. Não é preciso dizer que isso dificultava sobremaneira a adoção de uma postura isenta de sua parte. Numa determinada sessão, em vez de se referir ao rapazola como Nestor, que era a sua graça, chamou-o de "amor"! Esse ato falho custou-lhe mais um cliente, pois Nestor referiu o fato à esposa, que não mais admitiu a permanência dele na análise.

Em outra oportunidade foi Dorinha, sua analisanda mais antiga, o problema, que há muito se encantara amorosamente por Venância, declarando-se insistentemente a cada sessão. A questão é que a intensidade da paixão de Dorinha não lhe permitia ficar só nisso. Desejava ardentemente concretizar esse sentimento que, para ela, era dos mais genuínos. Foi assim que, num certo dia, no meio de uma sessão, Dorinha despiu-se inteiramente, jogando-se, em pelo, nos braços de sua analista, ao mesmo tempo em que sussurrava: "Minha adorada!". Esta, num ímpeto, começou a gritar e a dizer que ali não era um bordel. Pois bem, mais uma cliente perdida. Sim, pois com relação a essa paciente, fora a nossa psicanalista quem não quisera dar continuidade ao tratamento.

E, nesse ritmo, Venância foi percebendo a sua clientela esvair-se como vinho tinto da melhor safra escorrendo pelo ralo, restando apenas meia dúzia de gatos-pingados.

Venância, todavia, era tão fiel ao seu laborioso objetivo de aplicar os seus conhecimentos teóricos, que não deixava escapar ao seu microscópio freudiano nem mesmo as mazelas inconscientes dos parentes mais próximos, quem dirá dos colegas.

Foi com esse particular comportamento que ela chegou a se indispor com os mais arredios, "pobres ingratos" na sua visão. Seu primo Dinaldo, que residia no Ceará, mas que visitava com uma certa periodicidade o nosso estado, já não suportava mais ser alvo de suas observações científicas.

– Olha, Dinaldo, você tem um superego muito rígido! Devia trabalhar melhor essa sua rigidez na análise. Além disso, faz uso em excesso dos mecanismos de negação e projeção, tão bem abordados por Freud.

— Não quero saber de análise, nem de Freud! Aliás, jamais me submeteria a esse tipo de tratamento. Para mim, tudo isso não passa de vigarice.

— Não seja ignorante! Como pode desmerecer assim uma ciência tão sublime! Procure conhecê-la antes de descreditá-la. Sabe de uma coisa? Isso é pura formação reativa. A verdade é que você queria ter os meus conhecimentos.

— Toda ciência submete, previamente, as suas premissas a provas. E qual o modo de provar essas teorias psicanalíticas? Nenhum. Acho que a ignorante aqui é você. Ignorante e perturbada. Não fala em outra coisa!

— Ora, que audácia! Grosso! Estúpido!

Desnecessário dizer que essa relação parental estava absolutamente comprometida; no entanto, numa coisa qualquer pessoa, mesmo que leiga, havia de concordar: seu primo Dinaldo era acometido de um distúrbio psíquico não raro em homens: a síndrome do cavalo batizado. *Não valia mesmo a pena manter relações amigáveis com esse patife*, pensou ela.

Com relação a Maristela, sua colega na turma de inglês, a contenda também poderia ter sido evitada, se Venância tivesse sido menos incisiva. É que, ao comentar um texto de redação trazido e lido por Maristela na aula de inglês daquele dia, ela utilizou-se, mais uma vez, dos princípios psicanalíticos para desvendar o real conteúdo do que ali estava escrito. E, sem pestanejar, redarguiu:

Se Freud tivesse lido esse seu texto, diria, no ato, que ele é a expressão de algo mal resolvido na sua sexualidade...

Devia pensar seriamente em se submeter a um processo psicanalítico.

– A senhora nunca ouviu falar que conselho e água benta só se dão a quem pede? Guarde essas suas teorias para tratar a senhora mesma.

Note-se que o texto era apenas uma simplória narrativa sobre uma barata. Ninguém mais, além de Freud e seus discípulos, seria capaz de apreender e atestar o elo entre esse ínfimo e desprezível ser e uma sexualidade mal resolvida. Mas os olhos e ouvidos apurados de Venância, que não eram os da maioria, deviam enxergar mais longe.

E assim sendo, de grão em grão, de palha em palha, o saco atingiu a saturação. Não bastasse o fato de sua clientela ter minguado, Venância tornou-se, pouco a pouco, uma pessoa evitada no meio em que convivia. O que teria provocado tal efeito? A sua persistência em querer ajudar o outro? O mecanismo de negação de tais pessoas? A falta de habilidade de Venância em manifestar as suas "valiosas" interpretações?

Apesar dos dissabores da profissão, nossa psicanalista não se enxergava como uma derrotada. Esmorecer? Muito pelo contrário. Sozinha, diante de seu imponente espelho veneziano de moldura dourada, fitando seu rosto já bastante sulcado pela charrua do tempo, com os olhos semiabertos e flamejantes, como se fossem duas lâmpadas vienenses, e com uma expressão napoleônica, pensava: *Que me importa se não tenho a clientela de Freud? A humanidade pode ser decifrada, e eu possuo a chave.*

Amor equivocado

"Que tragam cem provas da mesma verdade, a nenhuma faltarão adeptos, cada espírito tem seu telescópio. É um colosso a meus olhos essa objeção que desaparece aos vossos: acreditais ser leviana uma razão que me esmaga."

Diderot

NÃO POUCAS VEZES, aqueles que dizem nos amar, as pessoas mais próximas, nossos familiares, são os nossos maiores algozes. Por que digo isso? Porque já vivi o suficiente para testemunhar a veracidade de tal assertiva. O fato que melhor se encaixa nessa máxima infeliz se deu com um vizinho meu, cujas intenções eram sempre as mais benévolas. Menos com relação a si próprio!

Osvaldo, desde cedo, fora uma pessoa sensível e generosa, preocupada que era com o bem-estar de seus semelhantes. De início, era filho único só de mãe, já que seu pai o abandonara quando ele tinha apenas um ano de idade. Era um menino tímido e recatado, porém dotado de extrema inteligência, que adorava desvendar as charadas que sua avó Beatriz lhe apresentava.

– E então, Osvaldinho, "o que é, o que é, que enche uma casa completa, mas não enche uma mão. Amarrado pelas costas, entre e sai sem ter portão?".

– O botão! – respondia prontamente o garoto, com uma alegria e sagacidade que impressionavam.

Sua mãe, dona Terezinha, uma professora do que hoje se denomina ensino médio, era uma mulher ainda jovem, temente a Deus e sem ambição. Durante alguns anos, seu único objetivo de vida fora criar Osvaldinho e dar suas aulas de português.

Mas, como a impulsividade e o sexo, na maioria das vezes, falam mais alto, especialmente aos desavisados, dona Terezinha acabou conhecendo um novo pretendente, um estrangeiro cujo padrão de relacionamento era compatível com o seu fado: o de mãe solteira. Assim, engravidou novamente e, não se sabe se por ironia do destino ou se por resolução do Cosmos, no exato dia em que Osvaldinho completava catorze anos, seu irmão, Lauro, despontou para esta estranha e incompreensível dimensão.

A mudança de rotina e os inúmeros cuidados que exige um recém-nascido não foram capazes de desviar Osvaldinho de seu maior sonho: o de tornar-se um médico e poder ser útil a um grande número de pessoas. Era idealista ao extremo e almejava transformar o mundo, supondo-se um herói como aqueles saídos das histórias em quadrinhos que costumava ler. Por isso, a par das dificuldades financeiras que sua família enfrentava, sempre dedicou a maior parte de seu tempo aos estudos, embora também colaborasse com a mãe nos afazeres domésticos e no auxílio para com o irmão extemporâneo, para não dizer inconveniente.

Dessa forma, como disciplina e persistência nunca ludibriaram ninguém, não havia outro caminho para Osvaldinho senão o de passar no vestibular de medicina aos dezessete anos; e aos 23 segurou o diploma nas mãos.

Fez residência, especializou-se em psiquiatria e trabalhou em vários postos de saúde situados nos mais diversos municípios do interior, até estabelecer-se na capital. Sua dedicação ao trabalho era algo que impressionava os seus conterrâneos, um traço característico de sua personalidade.

Passou a desempenhar seu mister em dois grandes hospitais psiquiátricos da localidade, num dos quais se tornou um diretor ora aclamado, ora rechaçado por suas iniciativas, na época vistas por alguns como excêntricas, voltadas para a antipsiquiatria e o movimento antimanicomial. Entre as medidas adotadas por Dr. Osvaldo destacavam-se a extinção das grades que enclausuravam os internos, deixando-os circular livremente pelo estabelecimento hospitalar, o desenvolvimento de atividades destinadas à socialização e à inclusão dos pacientes, tais como teatro, cinema, biblioteca, e a realização de festas e eventos em datas comemorativas. O fato é que, mesmo aqueles que eram contra as suas iniciativas, tiveram de se render à evidente melhora apresentada pelos "doentes mentais", como hoje são chamados os que apresentam determinadas moléstias não detectáveis em exames tradicionais.

À medida que o tempo transcorria, Dr. Osvaldo tornava-se mais adorado pelos desamparados enfermos, essas criaturas acometidas de singularidades até hoje tão mal compreendidas pela grande maioria das gentes. Seja por transportarem em seus corpos um espírito mesquinho de negação, seja por brutal e estúpida ignorância, boa parte dos cidadãos não consegue enxergar o intenso sofrimento por que passam esses seres que concentram em si a dor do mundo. No decorrer da curta história da humanidade, portadores de esquizofrenia são interpretados como possuídos pelo demônio ou coisa que o valha. Pessoas deprimidas são vistas como preguiçosas, dadas a chiliques, infantis, fracas, e por aí vai... A insensibilidade dos que se vangloriam de ser "normais" supera as raias da loucura. E o que dizer daqueles que apontam tais doenças como "males da alma?!"... Como se corpo e mente fossem duas instâncias distintas, partidas e repartidas, uma a cargo da matéria e outra a depender do "além"!

Bom, deixemos tais digressões e voltemos à nossa história. Passaram-se os anos, e, a essa altura, dona Terezinha já podia ser considerada idosa, pois contava com mais de sessenta anos. Idosa, doente e debilitada. Fora diagnosticada com uma depressão grave. Morava com seu filho caçula, Lauro, que, até então, nada fazia na vida a não ser desperdiçá-la. Havia se tornado um ser inconsequente, sem propósitos, mas até aí nada a que se pudesse atribuir o cunho de irreversibilidade. O mais grave não era a adoção de um comportamento adolescente, alheio às consequências de seus atos, mas a sua inclinação à prática de atitudes que denunciavam um defeito sutil de caráter. Restava saber se tal "imperfeição moral" era daquelas a que as agruras da vida podem ou não dar jeito. Diz o filósofo Hans Jonas que "Praticar a virtude (...) é também um exercício na virtude: fortalece as forças morais e transforma a sua prática em hábitos; de forma análoga, o vício. Mas a essência fundamental, nua e crua, pode sempre irromper: o mais virtuoso de todos pode ser arrastado na destrutiva tempestade da paixão, e o mais depravado pode vivenciar o inverso". Será?

É certo que, diante de tanto trabalho, cumprindo uma jornada desumana, como costuma acontecer com os verdadeiros médicos deste país, Osvaldinho se desdobrava para cuidar da mãe e do tratamento de sua intrincada doença, pois nem mesmo as questões práticas relativas à administração da casa e da satisfação das necessidades básicas de sua progenitora eram assumidas por Lauro. Dispensava-lhe carinho, prescrevia-lhe remédios e, não raro, dava-lhe banho e comida. Ah! E era também o esteio financeiro daquela casa. Nós, vizinhos, ficávamos consternados com toda aquela situação. O tempo de Osvaldinho era tão escasso que, tal circunstância aliada à sua bondade para com os animais, nossos irmãos tidos como inferiores, resolveu não mais comer carne. Era penoso, custoso e trabalhoso. Tornara-se, então, vegetariano por opção. Afinal era um homem de coração tão puro que não suportava a ideia de contribuir para o aniquilamento de outros seres. Nem peixe! Não construíra sequer uma família, tudo para se dedicar aos outros, e agora até mesmo na doença da mãe não tinha a menor colaboração, nem mesmo do irmão. Era claro que a índole irresponsável e adversa ao aprendizado demonstrada por este último não o tornava habilitado para o encargo.

– Mãe, vou sair com meus colegas...
– Mas, meu filho, já são onze e meia da noite, e hoje ainda é quarta-feira. Isso não é hora de ninguém sair – replicava dona Terezinha.
– A senhora sabe que não gosto de ninguém pegando no meu pé, mãe. Volto logo.
– Com quem vai sair? Com aquele marginal do Léo?
– Ele não é marginal! É meu amigo, e não admito que fale assim dele – disse o rapaz com um timbre bastante exaltado.
– É um irresponsável!

– Quer companhia? Chame seu filhinho querido... E vê se não levanta à noite, que, quando eu voltar, quero dormir. Cuidar de velho não é minha praia.

Lauro sabia que dona Terezinha não conseguia pegar no sono quando ele fazia suas peregrinações noturnas no curso da semana, especialmente quando a cuidadora não estava para distraí-la; mas isso não lhe causava nenhum sentimento de culpa. Considerava que a juventude lhe fora concedida para que pudesse aproveitar; e mais ainda: que todos ao seu redor frequentavam o mundo para ajudá-lo, ou, melhor dizendo, para servi-lo. Tal concepção, proveniente de uma criação frouxa em limites, sobrecarregada de "prêmios" em troca de pouco ou nenhum esforço, é mais característica da dita geração Y do que da sua própria.

No que toca a Osvaldinho, sempre fora condescendente com os caprichos e irresponsabilidades do irmão. E, apesar dos alertas dos amigos, nunca demonstrara pulso forte no sentido de conter os desmandos de Lauro, que, por sua vez, permanecia averso à adoção de um objetivo de vida. Ambos pagaram caro por isso, um mais cedo, outro mais tarde.

No decorrer do tempo, a doença de dona Terezinha foi tomando proporções antes inimagináveis. Chegou a perder todos os dentes, já que não tinha disposição para escová-los. Tomar banho? Nem pensar, só aos trancos e barrancos; era uma tarefa dolorosa e torturante. Mas o Universo não lhe cobrou mais do que dele havia tirado: morreu, após um tempo, de um ataque fulminante do coração.

Nesse dia, Osvaldinho, que já se assemelhava a um farrapo de gente – cabelo desgrenhado, roupa amassada, olheiras roxas, barba por fazer –, havia pernoitado em um plantão no hospital; ao ser informado da notícia, saiu transtornado e esbaforido ao encontro de sua genitora. Pode-se imaginar o que se passa na mente de uma pessoa sensível ao perder um ente tão amado, mas não se podia supor o que viria depois.

Acostumados a se deparar sempre com um homem tão compenetrado, os vizinhos e amigos custavam a acreditar no que viam. Um louco correndo de lá para cá e de cá para lá, gritando palavras desconexas, com um semblante de alienação e pavor. Não custou para que todos o vissem completamente nu, pois se desvencilhara logo de toda a indumentária, balbuciando algo como: "Francisco voltou", "Venha a purificação", "Bem-vinda à pobreza".

Alguns amigos, constrangidos, retiraram-se do local e logo procuraram um médico, Dr. Lourenço, seu antigo colega de hospital, para avaliar o caso. Em recinto reservado, chamou o jovem irmão e disse-lhe, com pesar:

– Sinto muito meu rapaz, mas é caso de internação. Osvaldinho foi acometido de um surto psicótico e acredita ser São Francisco de Assis.

Não menos perplexo, Lauro argumentou:

– Mas como? Isso nunca aconteceu antes! Ele sempre teve saúde!

– Não existe data para a eclosão de uma doença mental, meu jovem. Osvaldinho já vinha dando sinais de sua patologia. Nos últimos tempos, era flagrado alheio e profundamente retraído. Vocês aqui não percebiam?! Era comentado lá no hospital. Coitado! Ele vinha passando por um momento muito penoso e estressante. A morte de sua mãe foi o evento desencadeador da esquizofrenia.

Desamparado e só, contando com 25 anos e nenhuma experiência destinada à manutenção de seu sustento, depois de passar por incalculáveis amarguras, entre elas a de perambular pelas ruas e tornar-se um viciado em diversos tipos de drogas, Lauro finalmente se encontrou. Com cinquenta anos tornou-se um combatente das drogas, auxiliando, na função de assistente social, os viciados e ex-viciados.

O destino de Osvaldinho? O mais cruel, meus amigos. Perdeu-se de si para todo o sempre.

O aperto

"Não vemos as coisas como são:
vemos as coisas como somos."
Anaïs Nin

CÁTIA ERA PERITA NA ARTE de informar aquilo que não interessava a ninguém. Assim, comunicava invariavelmente aos quatro cantos de Paraty o que todos já estavam cansados de ouvir: "Minha periquita é apertadinha...". Tudo com aquele sotaque fluminense carregado e um timbre nasalado e infantil.

Podia estar em qualquer ambiente, em qualquer grupo, em qualquer companhia, em qualquer situação, o tema era o mesmo: "Ai! minha periquita é apertadinha". Os que a conheciam bem já não se importavam com tal excentricidade, pois sabiam que, no fundo, tratava-se de uma boa pessoa. Era uma moça de qualidades admiráveis, especialmente no que concerne à generosidade.

Alguns diziam que era viciada em sexo, mas tal circunstância não restou comprovada. O fato é que, com tal divulgação, ela angariava a simpatia dos rapazes, e isso gerava ciúmes no universo feminino. Além disso, era uma mulher vistosa – de proporções bastante agradáveis – cabeleira loura, farta, cacheada e comprida, rosto triangular e angelical, no qual figuravam lábios carnudos, cujo aspecto não denotava traços de vulgaridade.

Sua melhor amiga, Janine, embora acostumada com o mote, às vezes ainda se escandalizava com o desprendimento de Cátia. É que esta era uma moça muito dada, e logo fazia amizade com os garotos. Não necessitava de muito tempo para se sentir familiarizada com as pessoas, especialmente quando eram do sexo masculino. Era proativa.

Certo dia, ao tomarem um táxi para ir a um baile de aniversário, desentenderam-se. É que Cátia engrenou tão instantaneamente uma conversa amigável com o taxista, que não quis mais ir ao baile, deixando sua amiga desacompanhada. Mas vejam, leitores, não se tratava de qualquer taxista. Era um homem esplendorosamente charmoso, extremamente agradável aos sentidos e ao espírito! Enfim, belo e bom papo. Além disso, era curioso, pois não resistiu à tentação da conferência ao ouvir o pronunciamento de Cátia: "Ui! Minha periquita é tão apertadinha". O restante desse trecho não preciso contar.

Noutra ocasião, estavam num badalado restaurante daquela localidade, ela e Janine, quando, a convite de um casal que ali se encontrava, juntaram-se a ele, já que Janine era amiga de infância de Isabele, a namorada de Luís Carlos. Ao se dirigirem à mesa, Janine advertiu Cátia, baixinho: "Vê se não vai falar abobrinha!". Ao que a última retrucou: "Eu nunca falo abobrinha!".

Pois bem, sentaram-se à mesa, e quando a conversa estava começando a se desenvolver cordialmente, Cátia dirigiu-se ao casal, mais especificamente a Luís Carlos, num tom indagativo: "Você sabia que minha periquita é por demais apertadinha?".

Não é preciso dizer que o rapaz ficou desconcertado com essa informação despejada assim tão abruptamente, mas era a expressão facial de sua namorada o que mais chamava a atenção: estava boquiaberta e estupefata. Em seguida, cravou em

Cátia uns olhos de hostilidade profunda. Janine, por sua vez, tacou, imediatamente, na amiga impertinente mais um beliscão, além dos muitos que Cátia já levara sem nenhum efeito terapêutico. Quanto à Isabele, passado o primeiro impacto, levantou-se como por efeito de uma mola, simulando uma dor de cabeça, e providenciou retirar Luís Carlos dali o mais rápido possível. Esforço inútil, pois Cátia já havia conseguido entregar ao rapaz um pedacinho de papel amassado e borrado com o seu telefone. A veracidade da contumaz assertiva fora, mais uma vez, cotejada.

E quanto a vocês, caros leitores? Pensam que essa foi a situação mais inusitada em que Cátia se metera? Então preciso lhes contar o episódio ocorrido durante o Carnaval de 2013, na casa de praia de Rodrigão.

Aliás, convém destacar o modo como Cátia e Rodrigão se conheceram. Ela estava passando os folguedos carnavalescos na casa de sua prima Cecília, quando ele ali surgira. Vocês devem saber como é o fluxo de pessoas nessas residências praianas em tal época. É um entra e sai de gente nas casas como nunca visto! Você se depara com uma imensidão de sujeitos, em sua maioria bêbados, que nunca avistou na vida. E foi assim que Cátia e Rodrigão se conheceram. Ele fora levado à casa da prima de Cátia por um colega, e logo se entrosou com ela. O entrosamento fora tão repentino quanto intenso, motivo pelo qual Cátia, naquele mesmo dia, saiu da casa de sua prima, de mala e cuia, para hospedar-se na casa de Rodrigão, situada ali próximo.

Acontece que, ao cair da noite, por já ter entornado todas, Rodrigão simplesmente adormeceu antes da hora esperada.

Em vista dessa cena grotesca, vendo-o estatelado por cima das cobertas e aos roncos, na pele de um verdadeiro pinguço vencido, depois de ter deixado a casa de sua prima para acompanhá-lo, Cátia, desolada, sentiu sede e foi à cozinha tomar um pouco de água.

O fato é que lá estava também Luciano, o amigo de Rodrigão, que, da mesma forma, passava os dias momescos naquela residência. E que amigo! Um rapaz vigoroso e corpulento, de olhos cor de mar e pele dourada. Como não era do seu feitio hesitar, Cátia não o fez, e declarou, de imediato, a ele: "Minha periquita é apertadinha!!!". Em pouco tempo ocupavam a cama do quarto ao lado do de Rodrigão. Por volta de quatro da madrugada, Rodrigão acordara e percebera a ausência da colega que, conforme bem recordava, havia levado para o seu quarto. Saiu, então, à sua procura pela casa, quando, ao abrir a porta do quarto ao lado, deu de cara com ela e Luciano desnudos. Mesmo flagrada, Cátia argumentou: "Estava apenas com medo de ficar sozinha; não fizemos nada de mais".

A par dos referidos acontecimentos, vocês podem ter assimilado, em relação a Cátia, uma ideia predominantemente negativa. Entretanto, é preciso saber quanto essa juvenil criatura podia exalar solidariedade e desprendimento franciscanos, e de que forma, como só acontece em nossa vida cotidiana, aquilo que se reveste da manta da presunção e da vaidade é revelado como um conteúdo de desapego e humildade. Foi assim que, numa tardinha, estava Cátia em uma reunião de colegas na casa de Patrícia, cuja conversa girava em torno de rapazes, quando aquela despejou na rodinha, sem amarras, o tema usual: "Gente, o problema é que minha periquita é muito apertadinha"...

Patrícia levantou-se indignada, e sem se importar com o fato de ser a anfitriã, disse-lhe palavras tão duras que chegaram a causar comoção nas outras integrantes do grupo.

"Quem quer saber da sua periquita, ô maluca? Vai cuidar de limpar essa boca suja e parar de querer chamar a atenção. Olha, Janine, não gosto de receber na minha casa gente dessa laia."

Percebendo-se ofendida e humilhada, Cátia só pensou em sair dali, o que fez às pressas e aos prantos. Em disparada, sentia as lágrimas resvalarem abundantes pela face, amaldiçoando o fato de ser diferente da maioria das pessoas. Poucos quilômetros adiante, avistou um galpão abandonado e fez dele o seu refúgio. Sentou-se abraçando as pernas, com o rosto encostado aos joelhos dobrados, e se entregou ao choro e à desolação. Não por muito tempo, pois logo ouviu uma voz masculina e rouca.

– Por que está chorando, moça? Você tem tudo, não devia estar assim.

Em meio aos soluços, Cátia respondeu, com a voz ainda mais nasalada:

– Quem disse que eu tenho tudo? Só porque está me vendo aqui bem vestida e perfumada, acha que não tenho problemas?

– Os problemas podem apresentar variados tamanhos, a depender de quem os carrega.

– E você o que faz aqui, com esses trapos?

– Vivo na rua, pois meus pais faleceram quando eu tinha apenas dezesseis anos, e não tenho mais ninguém.

— Não é possível! Não tem um irmão, um primo, um tio que possa abrigá-lo?

— Tenho apenas um tio que mora longe, mas só o vi duas vezes na vida, e nunca simpatizei com ele.

Nesse momento, Cátia foi tomada por um intenso sentimento de comiseração em relação a esse ser tão negligenciado pela vida, ao tempo que se deu conta da pequenez dos motivos que levavam à sua inquietação pessoal.

— Ah! Sinto muito. É uma pena, pois você parece uma pessoa muito esclarecida para estar vivendo nessa situação.

— Sim, mas quem parece estar precisando de ajuda aqui é você. O que aconteceu?

— É que algumas pessoas não entendem a minha maneira de ser. Eu até tento me enquadrar nos padrões, mas não consigo. É mais forte do que eu.

— Acho que você deve ser você mesma, pois quem realmente gostar de você, gostará dessa forma.

A conversação fluiu de tal maneira que os olhos de Cátia passaram a enxergar aquele indivíduo não como um simples mendigo, mas como um homem bom, cujo apelido, aliás, era Silêncio. Tratava-se de um verdadeiro manancial de bondade e sabedoria sob uma capa de carência e desleixo. E tudo isso num rosto harmonioso e atraente, que ainda emitia frescor, apesar de maltratado. Foi assim que ela, caridosa e resoluta, tomou a iniciativa de se deitar com aquele apóstolo abençoado; um querubim caído dos recônditos do zênite, com o mero propósito de consolá-la. Merecia uma recompensa, ainda que efêmera. Seu humor restabeleceu-se tão rapidamente que nem parecia mais a mesma. Esqueceu todo o desalento, e como um prestidigitador que faz aparecer um coelho da cartola, tirou da bolsa uma camisinha e pronunciou suas mágicas palavras: "Minha periquita é apertadinha". O rapaz era uma alma benfazeja, quase um profeta, mas estava vivo e provou.

Ao encontrar-se com Janine, novamente, Cátia lhe relatou a aventura com o mendigo, pelo que foi veementemente repreendida.

– Nem sabe quem era esse rapaz! Podia ser um bandido, um estuprador, um assassino!

– Não, Janine. Qualquer um podia perceber que se tratava de uma boa pessoa.

– Cátia, você não vê quanto está se prejudicando com esse comportamento? Todos os rapazes que se interessaram verdadeiramente por você foram espantados por essa sua maneira de agir.

Cátia, entretanto, parecia não atentar nem assimilar tais palavras. Numa tentativa de despertar a amiga do que parecia ser um feitiço, Janine segurou-lhe firmemente o braço, arrastando-a até a frente do espelho da sala.

– Olhe pra você! Não vê quanto é bonita? Prefere ter uma vida normal, casar e ter filhos como todo o mundo, ou deseja passar o resto dos seus dias sozinha?

O que Janine não levava em conta é que a formosura não está no reflexo do espelho, mas nos olhos de quem vê. Assim, teve como resposta a única possível:

– Amiga, não se iluda. Se na vida eu tiver sempre quem queira deitar comigo, já estou no lucro. É que minha periquita é exagerada e deformadamente apertadinha.

Incongruência

"O país das quimeras é neste mundo o único digno de ser habitado; e tal é o nada das coisas humanas que, fora o Ser existindo por ele mesmo, não há nada de belo senão o que não é."

Rousseau

NAQUELA ÉPOCA, eu era tão somente um menino. Um sujeitinho em quem ninguém apostaria um vintém, expressão usada por meu avô Olival. Havia acabado de completar dez anos e vivia no morro do Caruru. Morava numa favela juntamente com minha mãe, dona Clementina, e meus irmãos mais velhos, Lúcio e Ezequiel. Meu pai havia escapado daquela vida antes mesmo de eu nascer. Hoje não o culpo, pois, se na ocasião eu fosse mais velho, talvez tivesse agido como ele. O fato é que eu era apenas uma criança; e afora essa circunstância, que me permitia fazer da realidade um amontoado de fantasias, com minhas brincadeiras de estilingue, queimada e pega-pega, e meus adoráveis parceiros de molecagem e futebol, eu tinha tudo para ser infeliz. Vivíamos numa precariedade de dar dó; para terem uma ideia, jamais tive um par de sapatos novos quando criança, pois só vinham para mim quando não mais cabiam nos meus irmãos. Então, imaginem o estado deles quando eu os calçava. Contudo, o mais grave não era isso; é que nos assolava o constante pavor decorrente da situação que imperava naqueles tempos: o domínio do morro pelo Comando Opositor.

Éramos reféns do tráfico e dos traficantes. A lei que vigorava na localidade era a do sujeito que ali exercia a função de chefe supremo no escalão da bandidagem. Mesmo assim, leitores, digo-lhes que, com toda essa malpropícia situação, eu era feliz. Tinha uma mãe que me acalentava nas horas difíceis e se preocupava comigo. Realizava um esforço sobre-humano, faxinando em dias santos e feriados, para me manter na escola. Aos trancos e barrancos eu estudava, e a minha natural curiosidade pelas coisas do mundo nunca permitiu que as circunstâncias adversas se sobrepusessem à busca de algum conhecimento.

Eu tinha dois amigos do peito, aos quais eu sempre estava grudado, que eram Rafael e Zezinho. Eles tinham um pouco mais de idade do que eu e, no resto, se diferenciavam de mim apenas no que concerne à aparência, pelo fato de serem negros. Eram meus companheiros de todos os momentos. Sempre os considerei como irmãos e não cogitava estar naquele inferno – como dizia minha mãe, cujo sonho reprisado era conseguir um dia sair dali – sem a presença deles. Como eram maiores, me protegiam e eram a minha salvação nos momentos em que me envolvia em alguma briga ou esparrela. Mas vejam que até a alegria de fazer parte desse trio me foi extirpada!

Há trinta anos, aproximadamente, foi montada lá no morro uma operação que reunia a Polícia Militar, a Marinha e as Forças Armadas, buscando tirar o controle do tráfico dessa região. Muitos moradores estavam eufóricos com a perspectiva de que ficariam libertos daquela opressão, daquela guerra barulhenta, truculenta e, ao mesmo tempo, silenciosa. Seria o fim de uma era de medo e escravidão?! Que bons ventos fizeram os nossos governantes acordarem para o que estava acontecendo naquelas terras de ninguém, em que sempre vigorou a lei do mais forte?! Todos esperávamos ansiosos a vinda dos policiais, nossos heróis imbatíveis e irreprimíveis.

Uma vez alguém me disse que alegria demais é prenúncio de tristeza. Pelo menos foi o que se deu comigo. Tentei deter o meu amiguinho quando, no primeiro dia da operação, em que a favela ficou infestada de balas, ele resolveu sair desembestado da minha casa, preocupado com seu estilingue, que havia deixado do outro lado da rua no dia anterior; não tiro completamente a razão dele, pois nossos objetos de divertimento eram muito escassos.

– Volte, Zezinho, minha mãe disse que não era pra gente sair de casa, e você também tem de obedecer – disse-lhe com voz altissonante e trêmula.

– Vou ligeirinho e volto logo.

– Volte, Zezinho!!!

Não tive mais resposta, e o que ouvi em seguida foi apenas o barulho de um estampido, que eu sabia ser de uma arma de fogo, cuja detonação eu não tinha ideia de onde vinha: se do lado dos traficantes ou da polícia. Era outra guerra. E nessa, meu amigo se foi. Zezinho foi atingido na cabeça e teve morte instantânea. Fiquei sabendo, posteriormente, que o projétil havia saído da metralhadora de um militar.

Nem é preciso falar, senhores, que esse tiro atingiu também a mim de forma certeira. Por um longo tempo, dei para maldizer o Universo. Ele parecia conspirar em desfavor dos frágeis e desamparados. Favorecia apenas os que detinham e utilizavam a força. Para mim, nele só havia incongruência. Por que tanta violência, eu me perguntava? Por que tanto ódio? Por que tanta ganância? Por que tanta insensibilidade?

O contraste presente naquele local tinha proporções gigantescas: de um lado, crianças inocentes e sonhadoras, que acreditavam na perspectiva de uma vida melhor; do outro, a truculência, a ostentação de armas, a banalização da vida. Quando já mais velho, pude refletir, então: inúmeros fatores devem concorrer para a degradação do ser humano a esse nível. Lembrei-me do que dizia o filósofo Rousseau, cujas lições eu aprendera com a professora Nina, já na faculdade: "o homem é naturalmente bom". Então, o que aconteceu com ele?

Embora tenha me esforçado obsessivamente para desvendar tais questões, ainda não obtive resposta, de modo que, por ora, resolvi deixá-las de molho, encontrando para mim uma saída; a única viável, asseguro-lhes. Hoje homem calejado, tornei-me vários em um só. Fiz-me um ator, um mero fingidor, e assim reproduzo para as pessoas, em forma de arte, o que elas realizam neste mundo capaz de abrigar encantos mágicos e eventos funestos. Dessa forma, posso de algum modo ser ouvido e, de quebra, venho experimentando inúmeras vidas.

O machista mas*carado*

"Nossos companheiros perfeitos
nunca têm menos de quatro patas."
Colette

LORENA DESFRUTAVA, naquele momento, de uma das coisas que mais apreciava e que adotara como um delicioso hábito: caminhar naquela orla privilegiada da praia de Riacho Salgado. Fazia questão de andar naquela areia quentinha, massageando delicadamente os pés. Além disso, logo percebera que o contato diário com a terra a energizava. Ao final de cada trajeto, que durava cerca de 10 km, ela se permitia um refrescante e purificador banho naquelas águas marinhas abençoadas. Ao sair da água, posicionava-se em frente ao mar, com os olhos cerrados, e ouvindo aquele mantra que só o oceano é capaz de pronunciar; meditava por alguns minutos, sentindo-se parte integrada do infinito Universo. Era a maneira mais eficiente que encontrara de neutralizar o estresse provocado pela vida moderna a que chegara o *homo sapiens* e pela jornada diária como mãe de quatro adultos que ainda se comportavam como adolescentes.

    O fato é que, naquele dia, foi subitamente abordada por um senhor cuja aparência era a de um indivíduo de aproximadamente sessenta anos, o qual trajava uma sunga vermelha desbotada e exibia uma barba branca. Não se tratava de Papai Noel, porquanto estava por demais despido para tanto, era relativamente magro, embora carregasse uma barriga saliente, tendo a barba curta e aparada. De supetão indagou:

– Bom dia, eu me chamo Muhamed. Poderia me conceder a gentileza de caminhar ao seu lado?
– Desculpe, mas não costumo caminhar com quem não conheço.
– Se não pudermos conversar, nunca nos conheceremos! Além do mais, já nos vimos por aqui.
– É, isso é verdade – disse ela, estabelecendo, em seguida, uma pausa reticente. – Está bem, se é só caminhar juntos, tudo bem. Você também caminha diariamente, não é mesmo?
– Sim, isso aqui me faz muito bem! Já tenho 61 anos e preciso me cuidar. Veja que não aparento a idade que tenho. Você não acha?
– Realmente, você parece mais jovem – confirmou ela, tentando empostar um tom de voz que traduzisse sinceridade. – Você é casado?
– Não, sou divorciado.
– Tem filhos?
– Tenho três, mas todos adultos e formados.
– Hum! Que bom! Você é árabe? É que seu nome...
– Sou descendente de árabes. Meus bisavós eram da Jordânia. Mas eu nasci aqui em Riacho Salgado e me criei nesta terra.

O fato de não ter sido a primeira vez que Lorena o vira na praia a deixou menos desconfiada. Ele costumava caminhar no mesmo horário e jogar voleibol nas redondezas. Estava longe de ostentar um corpo atlético, mas para a idade pode-se dizer que estava bem. Como se diz hoje em dia: "dava pro gasto".

Mas o que, de fato, interessa nessa história é que a conversa não se limitou àquela ocasião. A partir daí, todo santo dia, banhado a chuva ou coberto de sol, às seis horas da manhã, lá estava Muhamed à espera de Lorena, na praia, para acompanhá-la com a mesma persistência com que um cão segue o seu dono. Ela, desconcertada, no começo procurava repeli-lo o máximo que podia, mas logo ficou penalizada daquele homem que, aos seus olhos, parecia uma pessoa simples e preocupada com a natureza. Com isso, a conversa continuou a fluir.

– Você é linda, Lorena! Em que trabalha?

– Sou professora de filosofia no ensino superior e uma estudiosa nessa área do conhecimento.

– Ah! Que maravilha! Acho a filosofia muito interessante!

– Sim, é mesmo algo apaixonante. E você, a que se dedica?

– Já trabalhei, mas hoje estou aposentado. Fui bancário por muitos anos.

– Isso é bom! Hoje você tem mais tempo para fazer o que deseja. Quando me aposentar pretendo escrever.

– Ah! Sim. Já estou muito habituado a não ter que cumprir horários fixos. Faço do meu dia o que quero.

– E você gosta muito de se exercitar, não é mesmo?

– Adoro. A minha vida é isto aqui: o contato com o mar, com a natureza! É por isso que eu tenho este corpo, enquanto a maioria dos meus colegas está acabada e barriguda. Não têm disposição pra nada. Já eu..., me sinto jovem. Mas, mudando de assunto, queria lhe dizer que admiro muito mulheres como você, que vão à luta para garantir o próprio sustento. Adoro mulheres independentes!

– É mesmo? Acho que você é uma minoria, pois muitos homens manifestam-se temerosos ao se relacionarem com mulheres que não dependem deles pra nada. Eles parecem ter um certo receio...
– Esses são tolos. São do tipo que não se garantem, enquanto eu me garanto.
– Muito bem! Isso é demonstração de maturidade.
E nessa conversinha miúda, dias e meses se passaram, favorecendo uma aproximação e familiaridade cada vez maiores entre a protagonista desta história e o seu cortejador das Arábias.
Embora não se sentisse atraída sexualmente por aquele homem idoso, e por que não dizer, um tanto pretensioso, ela não podia negar que a sua companhia era conveniente, visto tratar-se de uma presença masculina que desencorajaria todo tipo de investida agressiva contra sua pessoa por parte de um eventual tarado que por ali transitasse.
Estava com 42 anos, e, desde que ficara viúva de Sivaldo, nunca conseguira manter um relacionamento duradouro naquela localidade, que, embora ostentasse um paraíso ardente, configurava-se num retiro solitário para mulheres de seu valor, e de sua idade, que tinham a pretensão de encontrar um companheiro. Para esse propósito, parecia mais um ponto obscuro varrido do mapa, pois ali não se encontrava um único ser do sexo masculino que merecesse crédito e interesse. Era bem mais fácil achar uma agulha num palheiro. E olhe que fizera inúmeras tentativas, todas malogradas.
Não foi por outra razão que pensou duas vezes antes de dispensar o seu colega de caminhadas. Ter um amigo, alguém

com quem conversar, é sempre um ganho. Além disso, resolvera, há muito, não se preocupar com mexericos advindos de almas vazias que povoam tão intensamente municípios pequenos como aquele. Considerava-se uma mulher moderna, que não precisava dar satisfação a quem quer que seja, e como tal podia ter quantos amigos quisesse. Aliás, não obstante estarmos no século XXI, na era das tecnociências, do mundo globalizado e da propalada busca da efetiva consolidação da democracia e da igualdade em todos os aspectos da vida ocidental, raramente se via ali uma mulher andando diariamente em trajes de biquíni àquela hora da manhã.

Com isso, permitiu-se até mesmo andar de mãos dadas em algumas ocasiões, mas sempre deixando bem claro que aquela relação era apenas de amizade. Queria conservar a possibilidade de ter alguém com quem compartilhar, ainda que durante um pequeno fragmento do dia, suas alegrias e desencantos. Afora isso, sentia-se lisonjeada por ser capaz de atrair um homem que lhe tecia tantos elogios e admirava sua autonomia e determinação.

Pensando bem, talvez fosse ele o companheiro tão procurado, dizia ela a si mesma em seus momentos de recolhimento e introspecção, desprezando a precoce ausência de interesse sexual pela figura em cujo semblante pairava uma névoa. *Uma mulher solitária como eu não deveria almejar tanto!*

Mas aquele ano estava apenas começando, e Lorena não queria se precipitar numa empreitada de cujo sucesso não tinha certeza. Veio, então, o Carnaval, e a prefeitura organizou um baile de máscaras com o intuito de segurar alguns turistas que ali se refugiavam.

Lorena foi ao baile acompanhada de sua grande amiga Vera, a única pessoa a quem revelava seus mais íntimos segredos e inquietações. Estava deslumbrante naquela fantasia de messalina! Lábios carmesim, peruca aloirada e vestido de franjas prateado. Uma combinação estonteante! Seu invólucro de mulher desprendida, contudo, não resistiu aos acontecimentos.

É que, cerca de uma hora após chegar ao baile, Lorena visualizou Muhamed, no exato momento em que ele retirara a máscara do rosto, muito bem acompanhado de uma senhora que aparentava uns 54 anos. Passou a observá-lo de soslaio por trás de uma coluna, cuidando para que ele não a visse.

– O que está fazendo tão escondidinha aí? – perguntou Vera.

– Olha lá, aquele ali é o Muhamed.

– Quem?

– É o Muhamed, de quem eu lhe falei.

– O que está fantasiado de Zorro? Ah! O amiguinho da praia?

– Ele mesmo. E está ali abraçando aquela mulher. Está vendo?

– Sim. Será que ele é casado? Você não disse que ele estava querendo muito namorar você?

– Ele me disse que era divorciado. E o que é pior: todo santo dia, na praia, esse homem me cortejava, com o propósito de que eu cedesse às suas investidas. De tanta insistência cheguei mesmo a pensar em dar uma chance a ele.

– Então ele é um safado! E ainda por cima é um ancião! Que mala!

— Vamos até lá. Quero vê-lo desconcertado na minha presença.

Aproximaram-se vagarosamente para evitar que o alvo escapasse. Quando Lorena atingiu o seu ângulo de visão, Muhamed colocou desajeitadamente a máscara, numa tentativa inútil de esconder-se.

— Olá, Muhamed, como vai?

— Oi — respondeu ele num tom frio e profundamente escabreado.

— Você não vai nos apresentar à sua esposa?

— Quem são essas, meu bem? — indagou a perua de meia-idade, fantasiada de mulher-gato obesa.

— E então, não vai nos apresentar? — insistiu Lorena, sorrindo.

— É minha esposa, Mirtes — disse ele, com um semblante desavergonhado.

— Ah, sua esposa! Você nem disse que era casado! Estava escondendo o jogo, Muhamed?!

— Com licença, mas minha esposa precisa ir ao banheiro. Vamos, querida — disse ele, saindo de forma tão sub-reptícia e escorregadia quanto um réptil.

Foi o suficiente para que Lorena não mais voltasse a dirigir a palavra àquele infeliz. É bem verdade que ela não o desejava, mas chegou a vê-lo como a única e última alternativa de abandonar os seus dias de solteirice.

Posteriormente, ao comentar com sua amiga Vera sobre o ocorrido e refletir sobre suas palavras, pôde compreender melhor o que havia se passado. Vera não era letrada, nem muito menos filósofa, mas era uma mulher experiente e perspicaz.

"Esse tipo de homem, minha amiga, que enaltece a mulher independente com tanta veemência, na maioria das vezes é o tipo mais machista que existe na face da Terra. Apresenta um discurso de incentivo à liberdade e igualdade da mulher em relação ao sexo masculino com o intuito exclusivo de obter favores sexuais. Por serem covardes, jamais têm coragem de assumir com elas uma relação verdadeira. Usam-nas o quanto podem. É tudo uma fachada para dissimular o seu imenso despeito e preconceito para com essas mulheres e sua autonomia. É o autêntico machista mascarado. Aquele que, disfarçadamente, procura aniquilar a sua autoestima e tudo o que há de mais sublime no âmbito sentimental."

Passado algum tempo, embora não tenha abandonado as suas preciosas caminhadas na praia, Lorena adotou novas escolhas, desvencilhando-se daquele padrão de comportamento que, naquela cidadezinha infestada de mentes tacanhas, a levara à completa desilusão.

Um belo dia estava no quarto, quando uma de suas filhas entrou para pedir-lhe uma blusa emprestada. Como estava tomando banho, gritou: "Está em cima da cama. Pode pegar". Ao se aproximar da cama, a jovem Luana viu aquele enorme depósito de plástico branco por sobre a colcha e não resistiu à curiosidade. Ao abri-lo, perguntou num tom estridente e espantado: "Mãe, o que é isso?!".

Enrolada na toalha, e totalmente descontraída, Lorena respondeu:

– Ué, filha! Nunca viu um vibrador? É meu marido.

– Como é que é, mãe?!

- É isso mesmo que você ouviu. Um marido fiel, longevo, respeitador, e o que é melhor: isento de qualquer traço de machismo.

Irmã Eu*lália*

"Ainda não amava, e amava amar; devorado pelo desejo secreto do amor, acusava-me por não me sentir ainda mais devorado."

Santo Agostinho

IRMÃ EULÁLIA FAZIA PARTE da Congregação das Irmãs Beneditinas, que estava à frente do Colégio das Beneditinas, um educandário só para moças, no município de Garanhuns (PE). Sua vida se resumia a cuidar dos afazeres da escola. À noite, ela se recolhia na casa das freiras. Como toda irmã que se preze, irmã Eulália era uma senhora de princípios rígidos, devota de todos os santos e temente a Deus. Não foi por outra razão, segundo ela, que ficou transtornada com uma notícia que corria na localidade: a de que seus vizinhos Pedro da Cunha e Rita, irmãos de sangue, iriam dar uma festa para selar a sua união como homem e mulher.

Na verdade, tratava-se de uma longa história, a de Rita e de Pedro da Cunha, mas o fato é que os dois haviam sido separados quando muito pequenos. Rita fora viver em Ipubi com um casal adotivo, e Pedro permanecera na cidade de Garanhuns, com a mãe biológica. Ele, um homem vistoso, bem-apessoado, moreno e de cabelos escuros, disputado pelas mulheres da localidade; ela, uma moça *mignon*, de cabelos ruivos e de parcos dotes estéticos. Quando adultos, os dois se reencontraram numa festa junina em Campina Grande, no estado da Paraíba, sem desconfiar de que eram irmãos, e se apaixonaram perdidamente. Depois veio a indesejável descoberta, que, entretanto, não os inibiu, pois estavam decididos a se tornar um casal.

Apesar de ostentarem uma relação incestuosa, os dois irmãos eram queridos no bairro, e não havia quem abominasse sua união, especialmente aqueles que conheciam mais intimamente o casal e sabiam que Pedro não podia ter filhos, logo não havia chance de uma prole defeituosa. Mas, para irmã Eulália, tudo se resumia a uma palavra:

– Blasfêmia! – resmungava ela.

Ao tomar conhecimento do anúncio da união, irmã Eulália se apressou em ir falar com o delegado da cidade; queria impedir de toda sorte essa concubinagem, nem que fosse com a prisão dos envolvidos.

– E então, senhor delegado, agora que lhe contei tudo, o que vai fazer para impedir essa pouca vergonha?

– Simplesmente nada, irmã. O incesto não é crime em nossa legislação penal, logo não há como impedir tal convivência. O que se proíbe é a união civil, já que pessoas nessas circunstâncias não podem se casar; mas nada impede que vivam juntas, se assim desejarem.

– Não é possível. O senhor deve estar enganado. Vou procurar o juiz.

– Fique à vontade, irmã.

No dia seguinte, irmã Eulália cancelou uma aula de religião que tinha na escola e foi falar com o juiz da 1ª Vara Criminal da Comarca, que, infelizmente, apenas confirmou as palavras do ilustre delegado da cidade.

– Não há o que fazer, irmã, se eles querem ficar juntos; não há lei no Brasil que os impeça. Apenas não podem oficializar a união, porque há impedimento para o matrimônio.

– Mas só essa festa, Dr. Aureliano, já é uma afronta à sociedade, já é um ultraje aos princípios morais e divinos. Trata-se de um verdadeiro sacrilégio.

Indignada com a abominável lacuna legal, irmã Eulália retornou ao colégio, onde recebeu os conselhos da irmã Mirtes, aquela a quem ela mais escutava na congregação.

– Deixe isso prá lá, irmã. Você está se desgastando muito. Tem se descuidado até mesmo dos afazeres da escola em nome dessa causa, o que não é do seu feitio. Não vê que o que não tem remédio, remediado está? Pelo menos eles não podem ter filhos.

– Não me conformo com essa aberração, irmã Mirtes. Preciso urgentemente fazer alguma coisa. Entretanto, só me resta agora falar com o padre Vasques. Quem sabe ele não consegue convencê-los a desistir dessa ideia absurda.

Com esse objetivo, irmã Eulália foi até a igreja da comunidade e lá persuadiu o padre a ter com os envolvidos para tentar demovê-los do propósito espúrio. A irmã acompanhou-o nessa empreitada até a casa de Pedro da Cunha. Era uma casa de fachada branca, com um belo jardim na frente, onde se via logo um pé de jasmim. Pedro estava sentado no terraço, numa cadeira de balanço de madeira.

– Vamos, entrem – disse o rapaz. – O que desejam?

– Precisamos falar com você e sua irmã Rita.

– Está bem, vou mandar chamá-la.

Passados alguns minutos até a chegada de Rita, o padre deu início ao seu sermão:

– Então, caros irmãos, venho aqui com uma missão maior: a de tentar impedir esta união que, decerto, não é abençoada por Deus. É bem verdade que Deus criou o homem e a mulher para procriarem, mas não nas condições em que vocês se encontram. A relação entre irmãos é uma relação pura, na qual deve imperar o respeito mútuo e o amor fraternal. Não há espaço para mais nada...

O sermão do sacerdote se prolongou tanto que irmã Eulália levantou-se do sofá e foi caminhar, um instante, pela sala. Lá viu alguns bibelôs e fotos espalhadas numa mesinha de canto.

Terminado o discurso religioso, que logo se mostrou em vão, pelas palavras enfáticas de Pedro e Rita, deram-se as despedidas. Ainda em companhia de irmã Eulália, padre Vasques, ao ver-se desincumbido daquela tarefa, desabafou:

– Ao menos nós tentamos, irmã. Agora é com eles. Mas, antes de qualquer coisa, eu queria dizer quanto admiro a sua persistência e disposição. Está sempre tão preocupada com as mazelas da nossa comunidade. A senhora é uma pessoa de fibra, é uma verdadeira santa.

– Obrigada – respondeu ela, num tom desolado.

Passados alguns dias, foi realizada a grande festa. A lua aparecia majestosa no céu limpo e repleto de estrelas, que resplandeciam numa noite fria e convidativa. Os "noivos" estavam radiantes, recebendo os convidados, que chegavam aos magotes.

Enquanto isso, na casa das freiras, onde se ouvia um resto de música e o rumor de vozes provenientes das redondezas, irmã Eulália, lânguida, fitando uma garrafa de licor de jenipapo, enchendo e entornando um antigo copo de geleia de mocotó, deixava escapar alguns vagidos, olhando a foto de Pedro da Cunha, tirada durante as festividades da última quermesse. Escarrapachada no chão do seu quarto, com os braços debruçados sobre seu leito de velha moça celibatária, ela se aflora, com os dedos trêmulos, os lábios recamados de batom, cor de flor de amaranto.

O professor de *piano*

"Aprendi com a primavera a deixar-me cortar e voltar sempre inteira."
Cecília Meireles

AS AULAS DE PIANO eram sempre à tardinha, às quartas e sextas, na Escola Villa-Lobos, na rua Governador Luiz Cavalcante, no Alto do Cruzeiro, em Arapiraca. Elise costumava esperar ansiosamente o começo de cada aula. Já aprendera a tocar ao piano uma série de canções clássicas e estava estudando agora a valsa "Branca", de Zequinha de Abreu. O único problema é que Elise não tinha muito tempo para treinar em casa. Assim, seu ritmo de aprendizagem era mais lento do que o desejável. Sua rotina diária era exaustiva, pois, além de dona de casa e mãe de dois filhos, Elise era jornalista e escrevia matérias para um jornal da capital. Seu grande sonho era tocar "Für Elise", de Ludwig van Beethoven, para uma plateia densa e seleta. Tal desafio estava mais próximo do que se podia imaginar, como ficou ela sabendo quando seu professor de piano, Bruno, convidou-a para participar do recital anual da escola.

– Então, Elise, aceita participar do recital em dezembro deste ano? Nós ainda estamos em fevereiro. Daqui até lá, você pode praticar à vontade e tocar "Für Elise", como você tanto almeja.

Apesar do longo caminho que ainda tinha de percorrer até o domínio da música ao piano, Elise não hesitou em responder.

– Quero, sim, professor. Vou me esforçar ao máximo para tocá-la com a maior desenvoltura que puder.
– Lembre-se de que terá de memorizá-la e tocar sem partitura.
– Está bem.

No decorrer das aulas, Elise se empenhava com afinco para ler a música, tocá-la no tempo certo e tornar clara sua melodia. Mas algo lhe perturbava a razão: o ardor nada professoral que ela nutria por seu professor. É bem verdade que Bruno era exigente e austero, mas era também, ao mesmo tempo, tão sensível e cavalheiro! Seus olhos pequenos refletiam toda a pureza de sua alma; sua boca era perfeitamente desenhada e o conjunto de suas feições era de uma harmonia estonteante. Isso sem falar na bagagem de conhecimento que adquirira sobre música. Tocava diversos instrumentos e, com a pouca idade que tinha, já era mestre.

– Vamos, Elise, ajeite esta coluna e concentre-se nas notas – recomendava ele.
– Está bem, professor.

Vez por outra, o professor pegava na mão da jornalista, num aperto cálido de peles, como para conduzi-la ao piano; e ela era tomada por um desejo fogoso de tê-lo em seus braços a todo custo.

Apesar da intensidade de sua paixão e de saber ser ele livre e desimpedido, ela não tinha coragem de lhe revelar seus sentimentos, especialmente quando lembrava a diferença de idade que havia entre eles – pois ela tinha 46 anos, e ele, apenas 26. Não se tratava, é claro, dum abismo; mas era, pelo menos, uma vala não desprezível de vinte anos de diferença, conquanto a jornalista não aparentasse a idade indicada pelo frio registro. Com efeito, ela arvorava um corpo esbelto, um rosto delicado e um pescoço liso, sem papadas. Sim, ela era formosa, bastante elegante e independente. Isso, porém, poderia não ser suficiente em matéria de coração.

Embora fosse sua paixão um segredo guardado a sete chaves, certo dia, sufocada por tal sentimento tão recôndito, acabou por revelá-lo à sua amiga Morgana, que também era aluna de Bruno e já havia percebido todo o nervosismo de Elise quando esta se encontrava na companhia do jovem músico.

– Amiga, não suporto mais esconder o que sinto. Preciso me aconselhar com alguém. Estou apaixonada por Bruno, mas ele nem desconfia. Sinto meu corpo tremer cada vez que fico perto dele. O que faria se estivesse no meu lugar?

– Elise, não sei o que dizer. Lembre-se de que ele tem vinte anos a menos do que você. É muito tempo! Você pode se machucar.

– É isso mesmo. Você tem razão. Tenho de colocar meus pés no chão, parar de sonhar e esquecer isso. Sinto-me ridícula. Pareço mais uma adolescente deslumbrada com a vida.

Sexta-feira era dia de aula, e ela procurou concentrar-se no piano, pois ainda estava ensaiando a música que iria tocar no recital.

– Vamos, Elise, olhe a postura, preste atenção ao pedal. As mãos precisam deslizar sobre o piano, e você não pode agir como um robô, apenas transmitindo para o mundo físico as notas contidas na partitura. É necessário sentir a música com toda a sua expressão. Não se esqueça de que ela é o único meio de transporte gratuito que nos leva para qualquer lugar que seja.

– Está bem, professor.

E assim os dias foram passando, e Elise, apesar de todas as dificuldades de sua vida atribulada, conseguiu, graças ao estudo diário, tocar e memorizar integralmente "Für Elise". Repetia-a incessantemente no piano de sua casa, de tal modo que chegava a sonhar com as notas musicais.

Finalmente, o grande dia chegou. Elise estava impecável num vestido decotado azul-marinho e sobre sapatos altos prateados. Seus cabelos castanho-escuros, amarrados num coque perfeito, destacavam o seu volume. Achava-se simplesmente deslumbrante.

Ao chegar ao teatro, ela viu que já havia muita gente sentada. O piano estava situado no centro do palco, mas não voltado para a plateia. Entrou nos bastidores e lá encontrou alguns conhecidos da escola, com quem ficou conversando durante a apresentação de outros colegas, até que resolveu retocar a maquiagem. Mas quando entrou no camarim, deparou-se com Bruno aos beijos com sua amiga Morgana. Isso mesmo, aquela a quem ela havia confessado a sua paixão! Imediatamente, Elise pediu desculpas e fechou a porta. Seu coração disparou descompassadamente, suas pernas fraquejaram, e parecia que tudo se pusera a girar ao seu redor. Parou e sentou-se um pouco para tentar recompor-se. Sentia-se traída e, ao mesmo tempo, desprezada.

Alguns minutos depois, Bruno veio chamá-la. Era a sua vez de se apresentar.

— Vamos, Elise, sei que você vai fazer bonito. Concentre-se. Esqueça que está diante de uma plateia.

— Não posso ir — sussurrou ela.

— Por quê? O que está acontecendo?

— Sinto que não vou conseguir tocar...

— Isso é bobagem. Não vai decepcionar as pessoas que vieram assistir ao recital. Tem de ir para aquele palco. Vamos. Levante-se e vá.

Dito isso, ele pegou-lhe o braço para ajudá-la a levantar-se. Nesse momento, ela se viu sem forças para resistir àquele apelo. Quando se deu conta estava na frente da plateia. O piano no meio do palco era iluminado por dois canhões de luz. Já que não lhe restava alternativa, ela sentou-se ao piano, respirou fundo e começou a tocar as primeiras notas. Estava ainda na primeira parte da música, quando foi tomada pela infeliz lembrança: os dois juntos naquela intimidade. De repente, ressoou uma melodia estranha àquela que ela se propusera tocar. Em seguida, veio o silêncio, a longa morosidade do silêncio. A concentração se foi, e ela se esqueceu das notas. Não conseguiu sequer disfarçar. Levantou-se, arrasada, e correu para trás das cortinas. Chorou desesperadamente. Seu desalento era maior do que tudo naquele instante. Todo o seu sonho havia ido por água abaixo.

Vendo o seu desespero, alguns colegas se aproximaram para tentar acalmá-la, mas Bruno se adiantou.

— O que aconteceu, Elise? Por que não tentou disfarçar, usando as técnicas que lhe ensinei?

Ela mal conseguia lançar alguns rumorejos frouxos pela boca. Nem sabia qual golpe era mais dolorido: se a decepção por tê-lo avistado nos braços daquela que se dizia sua amiga ou a vergonha do fracasso de sua atuação como pianista.

– Um fiasco – murmurava ela, soluçando.

– Vamos, vou levá-la para casa. Você não pode permanecer aqui neste estado.

No caminho, Elise indagou sobre o porquê de ele não estar levando sua namorada para casa, e sim a ela. De imediato, ele respondeu:

– Morgana não é minha namorada. Aquilo que você viu não é, provavelmente, o que está pensando.

– Como assim?

– Fui pego de supetão. Eu não esperava aquele beijo. Ela disse que sempre foi apaixonada por mim e, depois, falou que o beijo era uma despedida, pois estava indo embora para morar no Crato, com o marido.

– Mas Morgana não me falou que iria embora! – retrucou ela. – Quer dizer que vocês não estão juntos?

– Não. Nunca estivemos. Fiquei tão surpreso quanto você.

Na semana seguinte, passado o lamentável evento, o sol polpudo das aulas semanais voltou a brilhar em direção à escola de música Villa-Lobos, e Elise foi para a aula em seu Corsa Chevrolet escarlate. Era uma tarde calma e fresca, na qual os pássaros chilravam melodias alegres. Nesse dia, Bruno parecia ainda mais encantador. Quanto a ela, estava feliz porque sabia que ainda tinha o seu professor de piano.

O *mar*

"Um defeito do vidro, e o pardal é uma águia no telhado."
Renard

NUMA MADRUGADA INSONE, eu me encontrava na praia. Era noite de lua cheia e a maré estava seca e fatalmente iluminada. A princípio, verifiquei que não havia nenhuma representante do sexo feminino ali, a não ser eu. É certo que, na penumbra, os perigos são maiores, e ninguém cujas intenções não fossem malévolas aconselharia uma mulher a adotar tal procedimento como um hábito, ainda mais desacompanhada; mas o desconhecido, o nebuloso, o intocável têm seus encantos. Nada há de mais instigante do que contemplar os mistérios do inefável, e o mar é, para mim, a mais perfeita expressão do indizível.

Eram 3h30 da manhã e, àquela altura, raríssimas almas se dispunham a tal aventura. Passei a nadar lentamente, permitindo que as águas, já não tão límpidas, acariciassem meu corpo. Ah, a natureza! Não há nada que se lhe compare!

Mais adiante observei um casal que se beijava sofregamente em águas rasas. Aproximei-me, mas eles pareciam alheios a tudo que os cercava e nem sequer perceberam a minha presença. Haviam mergulhado em outra dimensão: a galáxia dos apaixonados, ou, melhor dizendo, o espaço cósmico dos inebriados. E nele, como é sabido, só existe lugar para dois. Ah, há quanto tempo eu não fazia uma viagem desse porte! Às vezes penso que os possíveis parceiros que me conviriam para tais experiências foram todos extintos. Mas, em seguida, indaguei a mim mesma: será que não sou eu quem perdeu a capacidade de enamoramento? Ou serão as duas coisas? O fato é que estamos nos tempos das mensagens instantâneas, do Facebook, enfim, dos amores líquidos. As pessoas estão sempre correndo, numa incessante fuga delas próprias. Uma fluidez insana!

Ocorreu-me, então, ser melhor concentrar-me na liquidez do oceano, quando, ao longe, quase em alto-mar, avistei uma jangada que parecia estar à deriva, mas, ao mesmo tempo, tão ajustada àquela imensidão. Permanecia íntegra, mesmo deixando-se levar pelo vento. Sua solitude era adequada à ocasião e à bela paisagem. Atravessei as águas, nadando ligeiramente em direção à embarcação, quando observei que nela havia um homem jovem e atlético. De súbito, assim que ele me avistou, começou a proferir gracejos indecorosos, aproximando-se cada vez mais. Não tive dúvidas: cantei impiedosamente, até que ele, embevecido, tombou, e com um semblante estarrecido desfaleceu, caindo como um estorvo no mar. A partir daí, permaneci silente esperando que a água executasse magistralmente a sua parte. Estava absolutamente subjugado, assim como acontecera com os demais... Perdoa-se a burrice e a feiura, mas não a insensibilidade. Com isso, disse, aliviada, para mim mesma: "Traste ruim! Mais um insensível a ser eliminado". Sem delongas, devorei-o, arrematando mais uma obra em prol do Universo.

Após um ligeiro sorriso de satisfação, refleti sobre o que há muito já havia concluído: "Melhor do que me contentar com as incertezas e agruras do amor romântico, foi ter-me a vida concedido o mar e seus milagres". E para os leitores desavisados, que imaginarem estar a salvo do seu canto, advirto-lhes que as sereias possuem uma arma ainda mais terrível: a sua calma e silenciosa arte de consumir energúmenos.

FONTE: Adobe Caslon Pro
IMPRESSÃO: Grass

#Talentos da Literatura Brasileira
nas redes sociais